JN408875

서울시인대학 제11호 사화집

첫 만남의 기쁨

서울시인대학

차례

화 보

인사말

2021년도 서울시인대학 신인상 당선시

동문시

서울시인대학

교훈 : 시인으로 인도하는 실크로드
노벨문학상을 꿈꾸는 자의 상아탑

건학이념(3애 정신) : 愛國, 愛人, 愛詩

서울시인대학 시비동산
충남 보령시 주산면 삼곡리 26

노벨문학상을 꿈꾸는 자의 상아탑

서울시인대학 수강생 모집

세계 최초 Hy-Hi(Hyper text-High tech) 시(詩) 강좌 개설

등단을 꿈꾸고 계십니까?
삶을 Upgrade 하고 싶습니까?
문학소녀, 소년의 꿈을 간직하고 계십니까?

서울시인대학은 미래의 작가를 발굴
멘토링하여 대한민국 최초로
노벨문학상 탄생을 목표로 하고 있습니다.

서울시인대학에서 인생 3모작을 설계하십시오.

- 강의일시 : 매주 화요일 오후 7시~9시(ZOOM 온라인/ 대면)
- 강의내용 : 시창작/ 시낭송/ 시경영/ 시치료/ Hy-Hi 시/ 합평
- 지도교수 : 다울 최병준 학장(010-3714-2120)/ 시인
  문학박사/ 신학박사/ 공학박사/ 문학평론가
- 응시자격 : 전공 및 연령 무관/ 일반인 및 전문직/ 수시모집

- 수 강 료 : 70[만원/년](일시불 완납 시, 평생수강 혜택)
- 입금계좌 : 기업은행 061-073238-01-010(서울시인대학)

시인은 세상의 거울

서울시인대학

https://cafe.daum.net/poet01

서울특별시 구로구 새말로 97 신도림테크노마트 6층

서울시인대학 제10호 사화집 등단식 2020. 12. 05

서울시인대학 제10호 사화집 등단식 2020. 12. 05

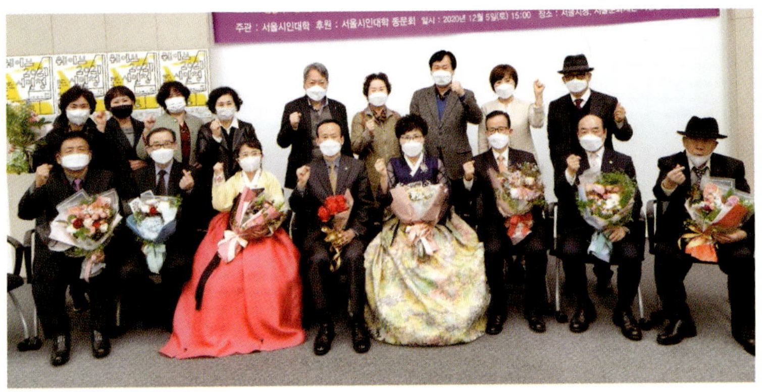

서울시인대학 꿈의 동산 시비 탐방

서울시인대학 꿈의 동산 시비 탐방

서울시인대학 줌(ZOOM) 강의 및 저자와의 대화

▲ 줌(ZOOM) 강의 2021. 4. 16

▲ 줌(ZOOM) 강의 2021. 4. 16.

▲ 저자와의 대화(이채원 시인) 2021. 7. 16.

서울시인대학 제6호~제9호 사화집 출판기념회 및 강의 기념사진

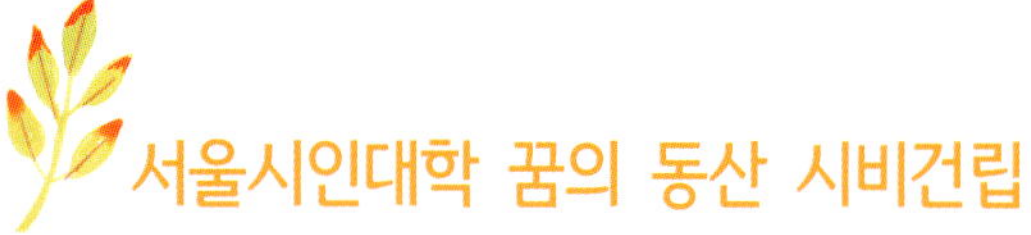

서울시인대학 꿈의 동산 시비건립

서울시인대학 제11호 사화집

첫 만남의 기쁨

서울시인대학

발간사

K-poetry의 함성

서울시인대학 학장 다울 최 병 준
(시인 · 문학박사 · 문학평론가)

서울시인대학 제11호 사화집 『첫 만남의 기쁨』과 함께 발간을 축복·축하합니다. 시인에게는 보통 사람과 다른 세상을 보는 영과 혼(靈/魂)이 있습니다. 눈을 통해서만 보는 것이 아니라 영과 혼으로 보는 투시력(透視力)을 의미합니다. 시상과의 대화를 통하여 시로 피워낸 시인들이 우리 곁에 있다는 것은 행복한 일이요, 감사해야 할 일입니다.

마음에 품은 한 편의 시를 탄생시키기 위해서는 고독과의 대화와 자신과의 싸움이 필요합니다. 1%의 영감(靈感)과 대화를 통하여 토해낸 명시가 이 시대의 등대 역할을 해야 합니다.

등재된 시들에는 하나님 사랑과 가족 사랑, 자연에 대한 깊은 애정이 봇물되어 흐르고 있으며, 순간의 영감이 즉각즉시(卽覺卽詩)로 승화되어 마음을 감동시키고 있습니다.

시편마다 정교하면서도 깊은 성찰의 메시지가 흐르고 있으며,

내면 깊숙이 숨겨져 있는 감성을 솟구치는 열정으로 형체를 그리고 있습니다. 시어의 Link가 잘 이루어져 하이퍼(Hyper) 시의 맛까지도 느낄 수 있습니다.

시는 창의적이어야 하는데, 이것은 A=B로 메타포(Metaphor)를 통해서 정의를 내리라는 의미입니다. 여기에 함축의 묘미를 더하고 「엄마야 누나야」에서 노래한 Gender 공간, 존재와 부재공간(存在/不在空間), 전방과 후방공간(前/後方空間), 색상공간(色相空間), 무기물과 유기물공간(無機物/有機物空間) 및 오감(五感)공간들이 있어야 합니다.

또한, 서울시인대학에서 누리는 압각(壓覺), 온각(溫覺), 냉각(冷覺), 통각(痛覺), 고유감각(固有感覺), 혼각(魂覺/心覺)과 영각(靈覺) 등의 공간 활용이 중요합니다.

시를 쓰는 것은 허공에 하나의 생명체를 탄생시키는 일이요, 시라는 생명체에 영과 혼을 불어넣어 꽃피우는 일입니다. 이때, 영과 혼의 대화가 이루어져야 합니다. 머리로 쓴 시보다는 마음에서 피어나는 용광로 과정을 거쳐 영과 혼으로 탄생시켜야 합니다. 그래서 비유와 Metaphor의 멋이 살아 있어야 하며, 형이하학(形而下學)과 형이상학(形而上學)의 시어(詩語)를 자유자재로 구사해야 합니다.

요즘 하이퍼(Hyper) / 하이-하이(Hy-Hi, Hyper Text - High Technology) 시가 대세입니다. 하이퍼 시는 3연에 하이퍼를 주거나, 1연 3행 / 2연 3행 / 3연 전체 / 3연 3행 / 4연 3행 등 한 편의 시에서 다섯 번의 하이퍼를 넣을 수도 있습니다. 또한, 행과 연에 관계없이 하이퍼를 시킬 수도 있으며, 같은 행에서도 가능합니다.

하이퍼 시가 출현한 것은 과학문명의 발달로 인한 인간의 욕구에 대한 필연성의 시대적 요청에 부응한 것입니다. 미국, 프랑스, 독일, 스웨덴 등 디지털 문화의 거센 물결에 적응하기 위해 서양의 많은 나라들에서 하이퍼텍스트 문학이 활발하게 진행 중입니다.

시와 시를 링크(Link) 시키는 하이-하이 시의 효과는

1. 풍부한 상상력의 세계를 열어준다.
2. 가상현실 공간을 체험할 수 있다.
3. 자유연상의 이미지 세계를 그릴 수 있다.
4. 미래지향의 시적 공간을 담을 수 있다.
5. 1%의 영감을 얻는 실크로드이다.
6. 두뇌 훈련으로 창의성이 향상된다.
7. 다이돌핀(Didorphin) 생성으로 시치료 효과를 얻을 수 있는 것입니다.

시에서 행과 행, 연과 연 상호 간에 별 관계가 없는 이미지들로 한 편의 시를 구성하여 "건너뜀, 초월"이 있게 하고 상관성이 별로 없어 보이는 이미지들의 불연속적 결합을 나타내는 것이 하이퍼시의 중요한 특성입니다.

일반시는 단선구조(單線構造)로 첫 행부터 마지막 행까지 물 흐르듯 일관성 있게 하지만, 하이퍼 시는 다선구조(多線構造)로 창작하여 상상력에 의한 시적 공간 확장을 최대로 넓힐 수 있습니다.

W.셰익스피어는 "시인은 그의 예민한 흥분된 눈망울을 하늘에서 땅으로, 땅에서 하늘로 굴리며, 상상은 모르는 사물의 형체를 구체화시키고 시인의 펜은 그것들에 형태를 부여해 주며, 형상 없는 것에 장소와 명칭을 부여해 준다."고 했습니다.

W.셰익스피어가 말한 "하늘에서 땅으로, 땅에서 하늘로"는 하이퍼를 의미합니다. 하늘에서 땅으로, 땅에서 하늘로 이어지는 영의 깊은 메시지를 통하여 시를 창작하고 독자들과 시로 소통하는 날들이 넘쳐나기를 기원합니다.

하이퍼(Hyper) / 하이-하이(Hy-Hi) 시 장르가 세계를 무대로 도약하기를 기원하며, 이번 사화집 출간을 위해 수고하신 추진위원단 및 편집위원단 그리고 참여하신 시인들과 여러 가지 사정으로 마음으로 함께하신 분들 및 문학공원 출판사 관계자 여러분께 진심으로 감사드립니다.

시냇가에 심은 나무가 시절을 좇아 과실을 맺으며, 그 잎사귀가 마르지 아니함 같이 결실의 계절에 독자님들의 가정과 직장, 사업장에도 시향 가득함과 형통하시기를 기도합니다.

K-poetry 2년 가을 아침에

서울시인대학 학장 최 병 준

초대시

별에서 온 이야기 Ⅶ

다울 최병준

태양이 눈뜨기 전
기지개 켜는 팥과 찹쌀들
하얀 스쿨버스(Schoolverse)1) 위에서
주인 기다리는 눈망울들

잠시 잠수하더니
모정의 손길 느끼는 여유
우주여행 꿈꾸며
폭포수로 입수하는 선수들

SRT에 누워 서울로 향하는 기쁨
대통령도 느끼지 못한
데모테크(Demotech)2) 미학이
금빛 하늘로 이어진다

미지근함은 싫소
보글보글 팔팔팔
메타버스(Metaverse)3) 타고
함성 울리는 영적 승리의 노래.

---

1) 학교(School)와 세계·우주(Universe)의 합성어로 메타버스 내에서 이루어지는 가상학교
2) 데모그래피(Demography)와 테크놀로지(Technology)의 합성어로 고령화와 과학기술의 결합
3) 가상·초월(Meta)과 세계·우주(Universe)의 합성어로 3차원 가상세계

다울 최병준

+ 다울 최병준 시인
+ 전남 나주 출생, 서울시인대학 학장
+ 조선대학교 대학원, 동신대학교 대학원, 한국신학대학교 학술원 졸업
+ 공학박사(Ph.D.), 문학박사(Litt. D.), 신학박사(Th.D.), 목사
+ 문학평론가, 공인기술거래사, 융복합전문가, 과학자, 미래학자
+ 정부산업기술혁신평가단 R&D 사업평가위원장

+ Hy-Hi(Hyper Text-High Tech) 시 장르 개척
+ 시인 히포크라테스 선서 제정, 시창작 바이블 제정
+ 서울시인대학 시비동산 건립(충남 보령시)
+ 시비건립 : 4월에 내리는 눈
+ 등단심사위원(장), 시집 평설 및 시평
+ 문학대상, 한국순수문학상, 문학평론가상 외 다수

<시집 및 저서>

『낙엽은 지축을 흔들고』 『사랑의 불꽃』 『시창작 바이블』
『시쓰기와 시낭송 콜라보』 『시창작과 시경영』 『시창작과 시치유』
『하이-하이(Hy-Hi, Hyper Text-High Tech) 시창작론(詩創作論)』
『창업 비즈니스 알파와 오메가』 『전기기기』 『전기자기학』

<공저 및 논문>

『뿌리와 열매』 『대한민국 대표명시선』 『안전관리론』
『한국 명시선, 기차에 실린 보름달』 『신규 기술거래사 등록교육교재』
『제4차 산업혁명 블록체인 비즈니스 융합』 외 157권
『A Study on the injected electric charge measurement of polyethylene films』 외 12편

<대학교수 및 발자취>

+ 국제대학교, 경기대학교, 서울대학교, 연세대학교
+ 대한민국 산업현장교수, 서일대학교, 여주대학교, 한국폴리텍대학

<협회활동>

+ 다중지능협회 회장, 노벨문학상추진위원회 회장
+ (사)한국문인협회 회원, (사)현대시인협회 회원
+ 한국순수문학인협회 상임이사, (사)한국기술거래사회 부회장 외

+ E-mail : semi153@hanmail.net

마음의 여유와 문화의 기틀을 마련하다

서울시인대학 경영대학장 주 종 복
(사)충효예실천운동본부 총재, (사)한국미술저작권협회 회장
(사)천우그룹 상임의장

첫 만남의 기쁨 시화집 11호 발간 및 출판기념회를 진심으로 축하드립니다.

"노벨상을 꿈꾸는 자의 상아탑" 실크로드 Hyper Hy-Hi (詩)시 장르의 선구자 서울시인대학에서 시인으로 인도하는 세계최초로 Hyper text/High-tech 시 강좌 개설, 등단 및 문학 활동과 시집 출간을 통하여 문단에 업적을 남기며

어렵고 힘든 시국에 마음의 여유와 문화생활들의 기틀을 마련하여 생활의 즐거움을 가져올 수 있게 "(詩)시 잘 쓰는 사람이 행복할 수 있도록" 배려와 격려를 아끼지 않으신 최병준 학장님의 노고와 헌신에 깊은 감사를 드립니다.

존경하는 서울시인대학 시인님들의 시화집 발간 소식은 지구촌 모두가 코로나 19로 사투를 벌이고 있는 이때에 한줄기 빛을 발하는 매우 뜻깊은 일이며, 오아시스가 아닌가 싶습니다.

다시 한 번 "첫 만남의 기쁨 11호 시화집" 발간을 진심으로 축하드리며 서울시인대학을 이끌어가는 원동력이 될 줄 믿습니다. 감사합니다.

2021년 가을

서울시인대학 경영대학장 주 종 복

축사

더욱 단단히 옹이진 시어로 독자를 감동시킬 수 있을 것

서울시인대학 동문회장 김 문 성

코로나 때문에 지구촌이 요동치는 모두 어려운 시기, 인류의 생존까지도 위협을 받은 지 2년여가 되어가고 손과 발이 묶이고 얼굴마저 반쪽을 잃어버린 위기에도 2020년 사화집 10호를 무사히 출간해 세상에 내놓았고 지금 사화집 11호 출간을 위해 땀을 흘리고 있습니다.

어떤 어려움 속에서도 인류는 번성과 번영을 멈추지 않았듯이 서울 시인대학은 쉼 없이 1% 영감을 찾고 창작의 발돋움을 멈추지 않았습니다. 어떤 위기의 상황이 닥쳐도 문학이 살아있으면 문명 또한 진화를 멈추지 않고 명맥을 이어갈 수 있습니다.

자유를 잃어버린 후에야 비로소 평범했던 일상들이 얼마나 소중하고 금쪽같은 시간인지 알게 되었습니다. 모두가 그립습니다. 특히 함께 웃고 함께 정을 나누며 시를 쓰고 시를 낭송하던 동문 시인님들이 못 견디게 그리워서 오늘도 한 올 한 올의 추억을 더듬어 봅니다.

지금도 계속되고 있는 백신과 변이의 싸움은 언제쯤 누구의 승리로 끝날까요? 우리는 모두 알고 있습니다. 언제 끝날지는 알 수 없지만, 인류의 승리로 끝날 거란 믿음에는 조금의 의심도 없습니다.

사랑하는 동문님. 어려워도 조금만 더 힘을 내십시오. 인류의 첨단무기 백신과 우리 모두의 확고한 신념이 우릴 더 안전하고 평화로운 세상으로 안내할 겁니다. 그때 우리는 어둡고 암울했던 시절을 멋진 하이퍼로 승화시켜 밝게 노래할 수 있으리라 확신합니다.

빛은 어둠 속에서 더욱 빛나고 시인은 시련 뒤에 더욱 단단히 옹이진 시어로 독자를 감동시킬 수 있으리라 생각됩니다. 푸른 뽕잎을 먹고 눈부시게 하얀 비단을 뽑는 누에가 바로 시인이며 우리들입니다.

가장 어려운 시기에 우리는 가장 위대하고 큰 업적을 이루었습니다. 우리의 사화집으로 훌륭한 시인들에게 등단의 기회를 마련해주고 있습니다. 2020년 10호 사화집으로 9명의 신인상 당선자를 배출하였고 올해는 사화집 11호로 신인상 수상자 3명이 등단하여 배출합니다. 이것은 그야말로 최병준 학장님께서 추구해온 후진 양성의 목표를 이루는 것이며 우리의 바람이자, 서울시인대학의 무궁한 발전이고 영광이 아닐까 생각합니다.

동문 여러분, 재학생 여러분! 사화집 11호 출간을 축하드리며 사화집 편집을 위해 애쓰시는 이석자 부회장님, 장웅상 교수님, 두 분 편집위원장님 이경희 이사님과 조영래 이사님 그리고 임상국 시인님께서 추진위원을 맡아 힘써주셔서 대단히 감사합니다.

2021학년도 서울시인대학 신인상 수상자

양 화 춘

서천주부독서회 21회 출판회장 역임
서천문화원 시낭송 회원
현재) 이상재기념사업회 부이사장
현재) 서울시인대학 재학 중
공저 『첫 만남의 기쁨』 서울시인대학 제10호 사화집

[등단시]

추억의 까마귀

양 화 춘

산골 긴긴 겨울밤
달이 가다 머물고
소녀의 꿈은
빨강 사과로 익어간다

서리 내린 지붕 위에
까악까악 메아리 울리면
어디서 좋은 소식 오려나
하늘의 음성 기다린다

별들을 세며
설레는 마음으로 기다린 아침
산속 도랑물은 강물 찾아
쉬지 않고 흐른다

나이 먹어
잃어버린 세월 많지만
어릴 적 고향
선명하게 생각난다.

[등단시]

나의 꿈

양 화 춘

별빛을 바라본다
떨어진 낙엽들이
흙 속에서 잠들었다

산산이 조각난 꿈들은
땅속 깊이 묻혀 있지만
봄이 오면 초록빛 새싹들
기지개 켜며 일어난다

태풍이 온 세상 흔들어도
꽃은 피고 열매 맺는 순리
가벼이 보이는 바람이
무겁게 느껴질 때도 있지만

겨울 이겨낸 들판
영광의 황금물결 피어나니
총총한 별 보며
미래를 향해 쭉쭉 가보자.

[등단시]

매화꽃 피면

양 화 춘

이른 봄 알몸으로 태어나
여린 꽃잎으로
눈보라 찬 서리 이겨내고
하얗게 핀 매화가
눈부시게 예뻐서
개구리눈으로 바라본다

떨어지는 꽃잎을 보면
어머니 꽃상여 타고
산 너머로 떠나시던 날
하얀 소복을 입고
큰 언니 둘째 언니
통곡하던 모습이 생각나
눈앞이 흐려진다

어머님의 사랑은 봄볕이었고
시원한 바람이었다
푸릇푸릇 싱싱한 새싹처럼
희망과 용기를 주었던
그리운 내 어머니

비바람 불어도
꺾어지는 일 없었고
꽃을 피웠고 논밭에서
참기를 들기름 야채 과일 등
풍성하게 먹고 살 수 있었다
꿈속에서라도
꽃잎 떨어진 하얀 그 길을
어머니와 손잡고 걸어봤으면.

[양화춘 등단 심사평]

시간의 연속성을 비전 있는 메시지로 표현해

응모한 원고 중에서 「추억의 까마귀」「매화꽃 피면」「나의 꿈」을 신인시 당선작으로 천거한다. 양화춘님의 시에는 행과 연마다 자연과의 대화를 통하여 얻은 영감을 삶으로 승화시켜 Metaphor로 이어지고 있으며, 생명을 향한 애정이 잔잔하게 흐르고 있다.

마음에 그리는 감성이 독특하게 표현된 작품의 일부를 소개한다.

서리 내린 지붕 위에
까악까악 메아리 울리면
어디서 좋은 소식 오려나
하늘의 음성 기다린다

–「추억의 까마귀」의 일부

떨어지는 꽃잎을 보면
어머니 꽃상여 타고
산 너머로 떠나시던 날
하얀 소복을 입고
큰언니 둘째언니
통곡하던 모습이 생각나
눈앞이 흐려진다

–「매화꽃 피면」의 일부

겨울 이겨낸 들판
영광의 황금물결 피어나니
총총한 별 보며
미래를 향해 쭉쭉 가보자

–「나의 꿈」의 일부

「추억의 까마귀」에서 까마귀가 외치는 소리를 쉽게 흘려보내지 않고 주님의 음성과 연결고리를 찾는 시적인 착상이 주를 향한 열정으로 이어지고 있다. 어린 시절 고향 생각까지 기억나게 하는 주 바라기로 피어나고 있다.

「매화꽃 피면」과 「나의 꿈」에서는 시어를 찾고자 하는 전후방 공간이 시간적 흐름으로 함축되어 있다. 꽃잎에서 꽃상여 그리고 하얀 소복으로 이어지는 시적 발상이 현재와 과거를 연결하고 있으며, 「나의 꿈」에서는 과거와 현재 그리고 미래로 연결하는 시간의 연속성을 비전 있는 메시지로 표현하고 있다.

W.셰익스피어는 "시인은 그의 예민한 흥분된 눈망울을 하늘에서 땅으로, 땅에서 하늘로 굴리며, 상상은 모르는 사물의 형체를 구체화시키고 시인의 펜은 그것들에 형태를 부여해 주며, 형상 없는 것에 장소와 명칭을 부여해준다."고 말했다.

영의 깊은 성찰의 메시지를 독자들에게 전달함으로써, 시로 소통하고 사랑하며, 영적인 시상을 꿈꾸는 날들이 되기를 기원한다. 즐기는 시창작에 더욱 정진하여 이 시대의 빛과 소금의 역할을 기대한다.

서울시인대학의 가족입문과 등단을 진심으로 축복·축하한다.

– 심사위원 : 최병준, 김선식, 심서섭, 최복숙

[당선소감]

희망의 씨앗이 되고픈 소망

먼저 부족한 저에게 시 만남의 기쁨을 주신 학장님과 심사위원 여러분께 고개 숙여 감사 인사드립니다. 그동안 저에게는 바쁜 일상에서 책을 가까이하기에는 그리 쉽지 않았으나 틈나는 늦은 시간에 시간 가는 줄 모르고 책 한 권을 읽고 삶의 에너지를 충전하곤 하였습니다. 서천주부독서회 활동으로 다양한 도서를 접하게 되었고 경험이 부족했던 나에게 글을 쓰게 되는 계기가 되었습니다.

평소 시에 문외한이던 나에게 눈을 뜨게 한 동기가 시낭송이었습니다. 좋은 시를 마음으로 읽고 감성의 낭송을 하면 공감대 형성을 실감하고 이는 오히려 내 자신이 힐링됨을 깨달았고 이로 인해 시 읽기를 즐겨하고 습작도 해보곤 했습니다. 서울시인대학 입문에 선망도 있었지만 두려움이 앞서 망설이던 나에게 지지를 보내준 김향희 시인이 고맙고 따뜻하게 대해주신 시인 여러분께 감사를 드립니다.

비록 코로나19로 인한 비대면 강의로 아쉬움이 남지만 저에겐 소중한 시간이었습니다. 특히, 저에게 희망의 씨앗을 안겨주고 문단의 꽃을 활짝 피워보라는 격려와 깨달음을 주신 최병준 학장님께 다시 한 번 고개 숙여 감사드립니다.

항상 겸손하고 부단히 노력하는 소박한 시인이 되도록 노력하겠습니다. 감사합니다.

– 양화춘 당선자

2021학년도 서울시인대학 신인상 수상자

임 상 국

전라북도 순창 출생
일본 동경 法政대학교 법률학과 졸업
스카이경영연구원 대표
중소벤처기업부 등록 경영지도사, 공인기술거래사, 신용보증기금, 소상공인시장진흥공단, 인천신용보증재단, 강원신용보증재단, 전라북도 경제통상진흥원, 한국외식업중앙회 등 경영컨설턴트, 영성비즈니스코치, 사회적경제 창업컨설턴트 1호
현재) 서울시인대학 재학 중
저서 『마케팅 자동화 교과서』

[등단시]

꽃이 피는 이유는

임 상 국

봄을
알리기
위함이 아닙니다

내리는
봄비
작별의 눈물이 아닙니다

남영역 피시방
갈 길 잃은 어린 기러기 떼
넷마블 속
잠든 영혼들

철쭉 꽃잎 아래
참새 한 마리
내리는 빗소리
단잠에 든 포근한 오후.

[등단시]

할매

임 상 국

갯벌로 나가
조개를 캔다

할배 생각에
하나 더 캔다

캐왔더니
씨잘데기 없는 짓 했다 한다

할매
오늘도 웬수를 캔다

달콤하지만 아린
첫사랑을 캔다

내 나이 86세
아직도 나는 긴 머리 소녀.

[등단시]

사랑에도 유통기한이 있다

임 상 국

사랑을
가슴에 담아두고

오래되면
곰팡이 썩은 내가 나지만

사랑을
입으로 표현하면

봄꽃처럼
아름다운 향기가 피어난다

가슴에서 입까지
겨우 한 뼘 거리.

[임상국 등단 심사평]

시의 넓이와 관념이 깊고 부드러워

응모한 원고 중에서 「꽃이 피는 이유는」, 「할매」, 「사랑에도 유통기한이 있다」를 신인시 당선작으로 천거한다. 임상국님의 시에는 공간의 여유로움 속에 사물을 보는 예리함이 시어로 승화되고 있으며, 자연과 하나 되고자 하는 인간애가 공간적 개념으로 승화되는 Hyper 시적인 맛을 느낄 수 있다.

마음에 그리는 감성이 독특하게 표현된 작품의 일부를 소개한다.

내리는
봄비
작별의 눈물이 아닙니다

남영역 피시방
갈 길 잃은 어린 기러기 떼
넷마블 속
잠든 영혼들

－「꽃이 피는 이유는」의 일부

오늘도 웬수를 캔다

달콤하지만 아린
첫사랑을 캔다

-「할매」의 일부

가슴에서 입까지
겨우 한 뼘 거리

-「사랑에도 유통기한이 있다 」의 일부

「꽃이 피는 이유는」,「할매」,「사랑에도 유통기한이 있다」에서 선보인 시어는 순수하면서도 깊은 성찰의 메시지가 흐르고 있으며, 시어의 Link가 독특하게 연결되어 시의 참신한 맛을 느낄 수 있다. 내면 깊숙이 숨겨져 있는 감성을 솟구치는 그리움으로 표현하고 있다.

시의 넓이와 관념이 깊고 부드러우며, 행과 연마다 잔잔하게 다가오는 표현들이 더욱 공감대를 만들고 있다.

특히, 「꽃이 피는 이유는」에서 3연의 독특한 Hyper와 참새 한 마리의 단잠을 위해서 꽃이 피고 빗소리를 자장가로 만드는 메시지에서 보듯이 폭넓은 시어와 융복합 Metaphor는 자연현상에서 느끼는 깨달음을 생명으로 승화시키고 있다.

「할매」의 할배 생각에서 웬수로, 첫사랑에서 86세 긴 머리 소녀로 이어지는 풍부한 시상과 「사랑에도 유통기한이 있다」에서 사랑의 유통기한을 “가슴에서 입까지 겨우 한 뼘 거리”로 Metaphor 처리한 시적 발상에 박수를 보낸다.

G. 바슐라르는 "시(詩)는 순간의 형이상학이다. 하나의 짤막한 시편(詩篇) 속에서 우주의 비전과 영혼의 비밀과 존재와 사물을 동시에 제공해야 한다."고 하였다.

우주의 비전과 영혼의 비밀까지도 형이상학으로 꽃피우기를 기대하며, 주옥같은 시를 토해내어 깊은 시의 세계를 유영하여 문단의 주인공이 되기를 바란다.

서울시인대학의 가족 입문과 등단을 진심으로 축복·축하한다.

- 심사위원 : 최병준, 김선식, 심서섭, 최복숙

[당선소감]

따뜻한 시를 쓰는 시인이 되고 싶다

올해 1월 20일, 한강 변을 걷다가 갑자기 시가 쓰고 싶어졌습니다. "시를 써서 사람들의 아픈 마음을 어루만져주고 싶어졌습니다." 그때 10년 전 최병준 학장님과의 강남에서의 첫 만남이 주마등처럼 머리를 스쳐 지나갔습니다.

전화 통화 후, 보내주신 시 쓰기와 시낭송 콜라보"를 시작으로 개강 전까지 남산도서관에서 다양한 시를 접하면서, 아직도 내 가슴 속에 시집을 든 한 소년이 있음을 느낄 수 있었습니다.

3월 6일 개강 후 기다려지는 화요일 강의 시간!

매번 학장님의 열정적인 강의가 이어지고 언제 갔는지도 모르게 시간이 흘러, 이제 서울시인대학에서 신인상을 받고 한 사람의 시인으로 등단하게 되어 너무도 가슴이 벅차고 감사의 마음뿐입니다.

이번 등단을 계기로 대학 건학 이념인 "애국(愛國), 애인(愛人), 애시(愛詩)"의 정신을 받들어 세상을 더욱 아름답게 하는 따뜻한 시를 쓰도록 하겠습니다.

앞으로도 학장님과 선배님들의 아낌없는 지도 편달을 부탁드리면서, 존경하는 최병준 학장님과 심사위원 여러분께 다시 한 번 감사의 말씀을 드립니다.

- 임상국 당선자

2021학년도
서울시인대학
신인상 수상자

김 선 미

1968년 제주 출생, 현재, 농수산대학교 현장 교수
1991년 07월 ~ 1994년, 전남 진도에서 김양식 1,000책 농사지음
2007년 05월 선진수산 영어조합법인 상임이사 취임
2013년 05월 선진레이버 영어조합법인 대표이사 취임
2021년 03월 ~ 현재, 서울시인대학 재학 중

[등단시]

산에서 보다

김 선 미

물 한 모금 먹고 하늘 쳐다보다
분홍 한 빛
눈 깜박이며 다시 보네

유난히 유혹하는 수줍음
발길이 마음보다 빨리
너를 보네

내가 먼저 뽐내려는
승부욕이 이른 봄
어쩔 줄 모르게
고운 자태로구나

나도 이쁜 매화
너를 접수하고
너를 봤으니
나도 세상의 꽃 되리.

[등단시]

살아있구나

김 선 미

하하 호호 맛있는 얘기 반찬에
냉동 꽃게 넘실대는 웃음 게국지
고만고만 어여쁜 친구들과
출렁이는 시간이 가네

숨어있는 보석의 땅 비응항
탁 트인 시야 비릿한 바다 내음
빨간 사과 빼꼼히 쳐다보네
나는 반하고야 말았네

마음먹고 너를 본 게 얼마 만인지
쓸쓸할 것 같았던 네 모습이
아무것도 없는 구름 속에서도
정열의 빨강 나를 유혹하네

새롭고 희망찬 내일을 기약하며
오늘도 불같은 정열을 품고
포근한 잠자리로의 휴식
내일 또 너를 보겠지.

[등단시]

드라이브는 즐거워

김 선 미

파도소리 들리는 시끄러운 새벽
가만히 생각에 잠긴다
오늘 일정이 무얼까
엉킨 실타래 풀어 헤친다

점심 먹고 가고 싶은 곳
거기에 벌써 맘이 가 있네
예쁜 꼬까옷 입고
차를 타고 있네

어지러운 내 허연 속살을 다 보여도
그저 그냥 괜찮았네
이튿날 심각한 얼굴로 다가와
따끔한 충고와 위로의 그녀

하루의 숙제를 하는
같이 드라이브하는 그 순간
그 짜릿한 시간은
나에게 온 축복의 선물.

[김선미 등단 심사평]

감성으로 덧입혀진 열정과 애정이 직관력으로 승화해

응모한 원고 중에서 「산에서 보다」, 「살아있구나」, 「드라이브는 즐거워」를 신인시 당선작으로 천거한다. 김선미님의 시에는 감성으로 덧입혀진 열정과 애정이 직관력으로 승화되어 꽃피우고 있다. 시어를 찾고자 하는 순수함이 스토리 형식으로 함축되어 있으며, 서정적으로 꽃피우는 아름다움을 보이고 있다.

마음에 그리는 감성이 뚜렷하게 나타난 작품의 일부를 소개한다.

나도 이쁜 매화
너를 접수하고
너를 봤으니
나도 세상의 꽃 되리

– 「산에서 보다」의 일부

마음먹고 너를 본 게 얼마 만인지
쓸쓸할 것 같았던 네 모습이

아무것도 없는 구름 속에서도
정열의 빨강 나를 유혹하네

-『살아있구나』의 일부

하루의 숙제를 하는
같이 드라이브하는 그 순간
그 짜릿한 시간은
나에게 온 축복의 선물

-「드라이브는 즐거워」의 일부

보는 단계는 크게 4단계로 나눌 수 있는데, 제1단계는 볼견(見)으로 아무런 생각 없이 그냥 보는 단계로 영어의 Look이다. 제2단계는 볼시(視)로써, 자신이 가진 감정을 가지고 관심을 기울이면서 보는 단계로 영어의 Watch이다.

제3단계는 볼관(觀)으로 통찰, 관찰의 단계이며, 자신의 생각을 가지고 내포된 의미까지를 보는 단계로 영어는 Insight이다. 제4단계는 깨달을 각(覺)으로 1%의 영감을 느끼는 Inspiration을 의미한다.

「산에서 보다」와 「살아있구나」에서, 보는 단계의 미학이 숨어 있다. 매화를 보고 아름다움의 단계를 넘어 내가 세상의 꽃이 되겠다는 바라봄의 미학과 아무것도 없는 구름 속에서도 선명하게 바라볼 수 있는 시상의 착상이 아름답다.

「드라이브는 즐거워」의 시간 공간에서 찾는 축복의 선물에 대하여 한 폭의 수채화를 그리고 있는데, 이는 시를 쓰는 사람만이 느낄 수 있는 희열이다.

W.셰익스피어는 "시인의 펜은 형상 없는 것에 장소와 명칭을 부여해 준다."고 하였다. 형이상학을 형이하학으로, 형이하학을 형이상학으로 꽃피우는 열정이 항상 마음속의 불꽃이 되어 세상을 비추길 기대하며, 등단을 계기로 더욱 열심히 습작하여 주옥같은 시를 토해내어 문단의 등대가 되길 바란다.

서울시인대학의 가족 입문과 등단을 진심으로 축복, 축하한다.

- 심사위원 : 최병준, 김선식, 심서섭, 최복숙

[당선소감]

긍정 마인드로 사는 행복

시인 등단에 감격하며 나의 어릴 적 꿈은 밭떼기 장사, 복부인이었습니다. 세속적이고 현실적인 나를 친구들이 의아해했지만 그건 그때의 나였습니다.

그리고 열심히 살아왔지요. 좀 더 나은 내일을 위하여 부단히 노력했습니다. 조금의 여유 안정을 찾은 지금 내 생각을나의 긍정 마인드를 알리고픈 욕심이 생겼습니다.

그러던 중 우연히 서울시인대학을 알게 되었고 시작하게 되었습니다. 시를 쓴다는 건 내 마음의 표현이요, 나의 에너지 발산이라 그 자체가 기쁨이었어요.

기회를 주신 최병준 학장님, 그리고 여러분들께 감사드립니다. 지난날들을 되돌아보는 계기가 되었고 나의 정화 시간, 그것은 시를 쓰는 시간입니다.

서툴고 어색하지만 앞으로 더 많이 배워서 좋은 시인이 되도록 노력하겠습니다. 감사합니다.

-김선미 당선자

[신인상 수상작 감상후기]

신인상 수상을 진심으로 축하드리며

임상국 당선자의 시를 보고 있으면 답답한 마음을 뻥 뚫어주는 탄산의 상쾌함을 느낍니다. 절제된 시어로, 정확히 급소를 지압하는 손가락처럼 날 돌아보게 하는 신인답지 않은 카리스마를 봅니다.

임상국 시인은 당선시 「할매」 중에서 "할매 / 오늘도 웬수를 캔다 // 달콤하지만 아린 / 첫사랑을 캔다."라고 했습니다.

절제된 시어 속에서 노년의 부부가 살아온 파란만장한 삶을 보고 아직도 온기를 간직한 부부의 사랑을 봅니다. 시공간을 뛰어넘는 하이퍼, 군살이 없는 세련된 자태, 이 모두가 '내가 최고다.'라고 선언하는 듯합니다. 머지않아 놀랍도록 빠르게 성장하는 잭의 콩나무를 보게 될 것 같습니다

김선미 당선자는 당선시 「비가 내리네」 4연에서 "비 온 뒤 맑아진 세상은 / 나를 첫차에 타볼까. 하는 / 새로운 꿈에 부풀게 하네."라고 끝을 맺습니다.

아마 비가 내린 후의 설렘을 가장 적절히 표현하지 않았나 생각해봅니다.

모든 상황을 꾸미지 않은 본연의 색깔로 표현해내는 맑고 산뜻한 시어들, 마치 소나기가 지난 오후의 거리를 걷듯. 편히 시

어에 빠져들 수 있는 건 아이들을 키운 엄마의 넉넉한 마음이 있어 그런 것이 아닐까 생각해봅니다. 매 순간을 긍정으로 보는 시각이 아름답습니다.

양화춘 당선자는 생활 속에서 반짝이는 작은 시어들로 잔잔한 냇물에 징검다리를 만들고 있습니다. 독자들이 편하게 건널 수 있는 징검다리 한 발짝씩 건너다보면 어느새 정이 들고 끝이 아쉬워지는 그런 한가로운 산책길. 당선자는 「도랑물」 4연에서 "맑은 물속에 / 나를 비쳐보며 / 이슬 같은 꿈을 꾸곤 했었다."라고 했습니다.

시냇물만큼이나 해맑던 어린 시절 꿈들, 모두의 가슴에 간직하고 있는 작지만 소중한 추억. 양화춘 당선자는 독자들이 잊고 있던 지난 꿈들을 다시 반짝이게 하는 큰 역할을 하리라 생각합니다. 신인상 수상을 진심으로 축하드립니다.

- 동문회장 김문성 드림

이 대 영

* 아호는 소백, 시인, 수필가, 평론가, 시낭송가
* 봉현초,금계중,광신상고,동국대학교 경영학과졸업(사회복지사, 행정학사, 경영학사)
* 월간, 계간 신문 논설위원, 출판사 부사장역임, (현)22C대영출판사 대표
* 현대인물역사편찬위원장, 노벨지원재단 출판회장, 언론방송기자협회 공동회장
* CAP국회방송 공동회장, 예술총연 동대문지회장, 동대문화수회장, 문학신문 서울시지회장
* 2002년 서울시의원 출마(동대문제2지구), "국민의 힘" 17-19대 대선후보 경제발전위원회위원장 역임, 오세훈 서울시장후보 선거본부 부대변인 역임, 20대 최재형 대선예비후보 부대변인 역임, "국민의 힘"중앙위 총간사, 상임고문역임, (현)고문
* 서울동부지역 선교협의회장, 평신도실업인선교회 감사, 교회수석장로 역임
* 월드펜문학상, 황금찬문학상, 윤동주별문학상, 독일뮌스터문학상, 중국중심문학상 수상
* 유튜브채널 "행복플러스 유" 운영

* E-mail : kingkorea2@daum.net
* H.P 010-6305-4989

매일 피어나는 웃음꽃

소백 이대영

그대와 나는 아침마다 피어나는 웃음꽃
우리 아기 웃음꽃 세상에서 제일 예쁜 꽃
앞마당 살며시 미소 짓는 황매화 언니
뒤뜰 수줍게 몽우리 짓는 홍매화 동생은
키다리 아저씨 목련꽃 발걸음 재촉하는 봄의 전령

담장 옆 키다리 아가씨 연분홍 살구꽃
재 넘어 과수원 옹기종기 움트는 복숭아꽃
아침 이슬로 세수하고 푸른 치마 단장하고
온 가족들 아침 인사 환한 미소 인사하는 용설란

시냇가 버들강아지 생긋생긋 웃음 이야기꽃 피우고
개나리꽃 형제들 의좋게 노래할 때
강남 갔던 제비 부부들 고향 찾아 나란히 나란히
마구간엔 음마음마 송아지가 엄마를 부르네

어린 시절 엄마 아빠 손잡고 외갓집 가던 길
시냇물 돌다리 살금살금 건너던 길
저 멀리 빠알간 버스 빵빵 소리 울릴 때
그 시절 옛 추억 엄마 생각 간절하네!

봄이 오면

소백 이대영

북풍한설 겨울이 가고 따사한 봄볕에
버들피리 노래하고 아지랑이 춤을 추면
진달래 꽃봉오리 하늘 향해 기도하고
개나리 꽃 화사하게 미소 지으니

햇병아리 형제들 엄마 따라 시냇물 마시러
두 줄로 나란히 나란히
하늘 높이 종달새 한 쌍 봄을 노래하는구나!

시인들은 시 한 수로 봄을 노래하고
학생들은 즐거웁게 배움의 길로
농부는 소를 몰고 이랴 이랴 쟁기질하기 바쁜데

아련히 들려오는 교회의 파아란 종소리
하늘 높이 뭉게구름 세계지도를 그리네!

오색단풍 친구

소백 이대영

너는 중추가절에 오색 색동옷 자랑하고
나는 사색에 잠겨 시를 쓰기를 사랑한다

나는 너의 색동옷을 보면서
친구 생각하며 시쓰기를 좋아하니
우리는 잘 어울리는 한 쌍의 벗들이어라!

해마다 나를 찾아 반겨주는 너는
나의 소중한 오랜 친구이어라!

내년 이맘때면 더 고운 색동옷 입고
우리 다시 이곳에서 만나면
나는 더 아름다운 시를 써서 너에게 선물하고 싶구나!

착하고 어여쁜 친구야 우리 보고 싶어서
다시 만날 그날까지 부디 안녕 안녕…

미사리 시인의 마을

소백 이대영

천년만년을 유유히 흐르는 한강을 마주 보며
춘하추동 자연과 대화하는 곳
동서남북 남녀노소 풍경이 좋아 모여드는 곳
창조의 섭리, 자연의 이치 시와 함께 흐르는 강물

시인들은 시 한 수로 우정을 나누며
연인들은 듀엣으로 사랑을 노래하는 곳
우리도 저 강물처럼 천년 만년 변치 말자
우리들의 우정 너와 나의 사랑 영원하리라

젊은 청춘남녀 백 년 약속 믿음으로 굳게 길게
검은 머리 파뿌리 되도록 변치 않는 사랑
어른들은 마음으로 응원하며
어린이들은 부러움으로 바라보는 강마을

시인의 마을 시인의 동산이 삼천리강산에 건설되어
"온 국민이 시인이 되는 그날"이 속히 다가오기를
꿈이 많은 시인은 두손 모아 빌어보며
수많은 이태백 김소월 서정주 이해인이 나오기를!

용문산 기슭에서

소백 이대영

수 만 년 유유히 흐르는 남한강의 자태
변치 않는 마음 웃음 띤 얼굴
무궁한 세월 어머니의 사랑
어깨동무들의 약속 변치 않는 우정

우뚝 솟은 삿갓봉 하늘 향해 기도하고
줄기찬 산맥은 청년의 힘찬 기상
드넓은 황금 들판엔 오곡백과 무르익네
아들 딸 온 가족들 친구들 웃음 가득 중추가절

풍성한 가을 따라 넘쳐나는 시인의 꿈
우리 손자손녀 가슴속엔 피어나는 아름다운 내일
일 년 내내 햇볕은 우리를 축복해주고
이웃들은 훈훈한 정 주고받는 강마을

청춘남녀 노랫소리 멀리서 들려오고
바둑이 멍멍이 짖는 소리에 저녁 안개 피어오르니
일몰의 화려한 광경 일터에서 귀가하는 이들 환영하고
풍성한 시인의 마음속엔 아름다운 시상이 가득하네!

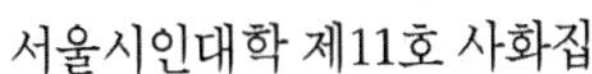

이 경 상

아호는 만해
봉현초등학교 졸업
6.25전쟁 참전 국가유공자
예비군 소대장 역임
봉현남부초등학교 육성회장 역임
영주시 농산물경진대회 최우수상 수상
영풍농원 대표 역임
6.25전쟁 참전 무공훈장 수상

옳은 일 착한 일

만해 이경상

착하고 좋은 일을 행한 자에게
하늘은 만복을 내려주시고
악하고 나쁜 일을 행한 자에게
하늘은 화와 재난으로 갚아주신다

인간은 본래 착한 성품과 악한 성품을
함께 타고 났으니 예절과 규범을 지켜야 하며
혹 잘못을 저질렀을 때는 벌로 다스리되
널리 헤아려 용서를 베풀 줄 알아야 한다.

근검절약 성실의 열매

만해 이경상

부지런한 개미와 꿀벌에게
배울 것이 많으며
게으른 베짱이와 매미를 보고
교훈 얻을 것이 많으니

지혜로운 사람은 타인의 실패를 보고도
스승으로 삼고
어리석은 사람은 타인의 성공을 보고도
배울 줄을 모른다

맑은 날씨에도 장마 때를 대비하며
소나기가 쏟아지기 전에
지붕과 담장을 살펴야 하며
이른 봄에 밭을 갈고 비 오기 전에 물길을 살피고

아침 일찍 일어나는 새가
벌레를 잡으며
새벽일에 익숙한 사람은
해가 짧음을 불평하지 않는다.

착한 일 악한 일

만해 이경상

착한 일 좋은 일을 보거든
아직도 부족한 듯 배우기를 더하고
악한 일 나쁜 일을 보거든
무서운 짐승을 만난 듯 조심스럽게 피하라

아름다운 광경을 보거든
하나님과 천지신명께 감사하고
추한 광경을 보거든
악마를 만난 듯 마음속에 두지 말라

기쁜 일 즐거운 일이 생기면
하나님과 조상들께 감사하고
슬픈 일 괴로운 일이 생기면
서로 위로하고 자중자애하라

가족들과 화목하고 친구들과 신의를 지키고
이웃들과 상부상조하며 타인에게 모본이 되며
조석으로 부모를 공경하며
근면 성실 절약함이 생활습관이 되게 하라.

도덕과 인륜

만해 이경상

덕을 쌓고 선행을 생활화하면 성인이 따로 없고
친절과 봉사를 습관화하면 천사가 따로 없으니
자신과 이웃 살피기를 게을리 하지 말고
한 사람 한 사람의 인덕이 모여
가정과 사회를 편안하고 행복하게 하느니라

글 읽고 글쓰기를 부지런히 하여 인격을 도야하고
평소 가족의 건강을 살펴 병든 후에 후회 없게 하며
어제 오늘 일을 살피고 내일 모레 일을 준비하면
모든 일에 선후가 있고 실패하는 일이 없을 것이다

훌륭한 스승과 선배를 찾아 배우기를 열심히 하고
상사와 어른들께 늘 공손하며 감사함을 잊지 말고
수하와 젊은이들에게 모본이 되고
서로 칭찬하고 격려하면 존경과 협조가 이루어진다

먼저 자신을 수련하고 가정을 잘 돌보며
나라와 민족의 장래를 준비하고
온 세상의 평화를 위해 기도하라
오늘 할 일을 내일로 미루지 말고
부지런하여 실천을 생활화하면 성공은 따라온다.

하늘의 눈과 귀

만해 이경상

하늘은 세미한 음성도 놓치지 않으며
숲은 푸르러 세상을 푸르게 물들이고
작은 냇물은 낮은 데로 흘러 모여 강물을 이루고
강물은 유유히 흘러 바다에 이른다

작은 잘못도 후에 큰 실수로 커질 수 있으니
자신의 잘못은 스스로 살피고
타인의 잘못은 잘 타이르고 이해하고 용서할 줄 알며
자식은 어려서부터 훈계하고 장성하면 인격을 존중하라

사업은 자신과 타인의 경험을 바탕으로
깊이 연구하여 준비에 준비를 더해야 하며
저축은 티끌모아 태산이니 1원의 가치를 터득하고
빚지는 일은 문둥이 피하듯이 미리 대비하고 피해야 좋다

농사가 잘 되거든 먼저 하늘과 부모형제에게 감사하고
몸이 건강하거든 먼저 하늘과 조상에게 감사하고
사업이 융성하면 먼저 가족과 이웃 동료들에게 감사하고
가정과 직장 기업이 화목하면 만사를 이룰 수 있다.

이정은(에스더)

삼육대학교 졸업
오스트리아 비엔나시립음대 수료
음악학원 원장 역임
교회 집사 역임
문학신문 동대문구지회장 역임
현) 동대문화수회 사무국장
교회연합회문인협회 장려상 수상

부모님의 사랑

에스더 이정은

어머니 잉태 전부터
자식 위한 간절한 기도
태몽을 꿀 때도
지극한 정성으로 소원을 아뢰신다

10개월 태아양육 때도
마음가짐 단정히 하시고
음식도 가리시고
좋은 책 지혜를 주는 책 많이 읽으신다

출생과 함께 보금자리
사랑으로 갈아 주시고
말하기 노래하기 걸음마 아장아장
밤낮 조심스런 눈길로
엄마 아빠 맘마 가르치시며

세월 가는 줄 모르시는 부모님
아들딸 자라나는 모습에
늘 기쁨으로 감사하시고
밤잠도 설치시는 한없는 부모님 사랑!

사랑의 주님

에스더 이정은

기쁠 때나 외로울 때나
늘 함께하시는 사랑의 주님
건강하게 일할 때는
주님 음성이 날 인도하시고

몸과 마음 아플 때는
주님 손길로 치유하시며
언제나 함께하시는 나의 하나님
밤에는 둥근 달 꿈속에서도
자비의 빛 비추이시고

낮에는 의의 태양 따사한 햇볕 사랑으로
우리 삶을 키우시고 지키시는
사랑의 하나님

주님 함께 계시니
모든 일이 형통하고
마귀가 근접하지 못하니
하나님과 영원토록 동행하기를 갈망합니다!

주님 찬양

에스더 이정은

하나님 선하심을 내가 밤낮 찬양합니다

하나님 자비로우심을
우리 늘 함께 찬양합니다

하나님 크신 사랑을 우리 모두 감사합니다
아침마다 하나님께 두 손 모아 소원합니다

우리나라 우리 교회 우리 가정
늘 화목케 하옵소서!

사랑 나누는 형제들

에스더 이정은

주님 사랑 받은 자들 형제에게 나눠주면
더 큰 은혜 주시리니
그 사랑 그 은혜 어찌 다 헤아릴 수 있을까

주님 사랑 전하는 우리는 한 형제자매들
누님 은혜 전하는 그대들
주님의 축복 더욱 놀라워라

사랑은 나눌수록 두 배 세 배 더 뜨거워지고
은혜는 나눌수록 열 배 백 배 더 커지나니

주님께 받은 사랑
주님 주신 크신 은혜
형제 이웃에게 전하니
백배 천배 한없는 주님 축복!

아름다운 사랑의 꽃

에스더 이정은

세상에서 제일 예쁜 꽃
예수 사랑의 꽃
세상에서 제일 좋은 꽃
행복한 웃음꽃

처음 보는 사람도 웃음으로 대하고
미워하는 사람도 사랑으로 대하면
온 세상 웃음꽃동산
온 나라 사랑의 나라

너도 나도 우리 모두
친절과 겸손
양보와 화목으로
손잡고 같이 걸으면

힘든 길 험한 길도
가볍고 편한 길
잊지 말자 이웃사랑
실천하자 형제사랑!

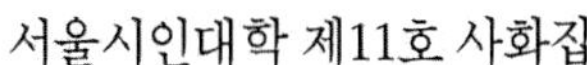

이경희

시인, 영양사, 조리사
광주보건대학교 식품영양학과 졸업
서울시인대학 교육이사
서울시인대학 명시다작상 수상(2019)
서울시인대학 문학대상(2020)
월간 ≪국보문학≫ 시부문 신인상 수상
E-mail : mun3l11@hanmail.net

희망을 노래하라

이 경 희

세상 흔들려도
삼한사온을 반복하며
아지랑이 손잡고
한 걸음씩 다가오는 봄봄

서로를 경계하며
후덥덥 맴도는 콧김
마스크로 무장한 나날들
사라질 위기에 놓인 미풍양속

흙은 생명의 방주
온기로 품어주는 엄마의 품
노크하는 봄비 손짓하는 해님
슬며시 얼굴 내민 초록이들

사람마다의 표정이 그립고
보기만 해도 힐링이 되던
목젖 드러난 활짝 핀 웃음
내년 봄엔 맘껏 누려야지.

아버지의 십팔번 곡

이 경 희

막걸리 한두 사발에
세상은 온통 핑크빛
동동거리던 딸의 마음
안중에도 없었으니

시험 없이 낙천적이신
기마이 좋던 아버지
꼭두새벽부터 할일 다 마치고
해질녘이면 노을빛 감도는 얼굴

술의 마술에라도 걸린 걸까
구겨진 가장의 체면 내려놓고
구성진 동숙의 노래 담을 넘으면
안절부절하던 애어른

해장국 끓인 밥상 앞에서
염치없어 하시던 말씀
당장 술 끊겠다 호언장담
좀 더 이해해 드릴 걸
좀 더 참았으면 좋았을 걸.

새해 폭설은 하늘 메시지

이 경 희

몇 해 만에 찾아온 폭설
꽁꽁 얼어버린 한 해의 경계선
세계가 문을 잠근 새해 연휴
집콕할 이유를 더한다

팔다리에 있는 힘 다해
초긴장 운전
아슬아슬 빙판길 흐름을 타며
자칫 헛나갈까 조심조심
앞만 보고 가야 했던 우리

오지 마라 오지 마라 당부
영상을 통한 손녀의 재롱
딸과 사위 안부 전화에도
막상 아쉬움에 묻어나는 허전함

새해 첫날
거실에 둥지 튼 햇살과 함께
눈앞에 펼쳐진 설경 감상하니
2021년 열두 폭 동양화가 일품일세.

내 삶의 베스트

이 경 희

밤새 호흡으로 마신 보약
개운한 새벽을 맞을 때
열어갈 하루를 기대하며
입술에 흘러나오는 감사

가슴 벅찬 출근길
장대비도 휘날리는 눈송이도
가는 길 막지 못하는
희망 가득한 드라이버

모든 것을 내어줘도 아깝지 않는
너는 내 것이라 축복하시며
믿으면 거저주시는 선물
구유에 오신 아기 예수님

만남의 결실을 통해
안겨주신 곱빼기 사랑
일거수일투족에 행복해 하며
허락하신 삶이 최고임을 인정 또 인정.

단풍 들어 좋은 날

이 경 희

섬진강변으로 갈까
단풍놀이 겸 백양사 쪽으로 갈까
우리 집으로 가자는 친구 말에
세웠던 계획 순간 허물어버리고

감나무에 까치밥 남겨둘 즈음
고향집 부엌에서 피어오르던
물천어 익는 냄새
모래무지 붕어 빠가사리

손질한 물고기 위에
생강순 송송 썰어 진덤한 양념
끼얹어 밤새 졸이면
장살 오른 거십의 일품 맛

세상에서 가장 편안한 곳에서
속 편한 사람과 추억의 붕어찜 먹으며
저울질할 필요 없는 속엣말
60넘은 깨복쟁이들의 행복한 나눔.

조 영 래

경북 청송 출생
2019년 ≪국보문학≫ 신인상 수상, 시인 등단
서울대 환경대학원 석사수료
서울대 환경계획연구소 연구원
전) 성림무역 대표역임
전) 경실련 중앙위원
전) 서초강남교육시민모임 부회장
전) 서울교육시민연대 공동대표
전) 민주주의사랑하는모임 공동대표
환경학회 회원
서울환경포럼 회원
환경정책학회 회원

가을은 4차원 회로를 돌아

조 영 래

창문을 활짝 열고
한낮 가을 햇살을 받아들이려고
긴 호흡을 하며
가슴을 펴본다

느티나무 가지에 노란 가을 단풍이
손에 닿을 만큼 날 유혹하네
따스한 양지 텃밭에는 자주색 패랭이꽃
국화도 노랑 옷을 소담하게 차려입었네

울타리에 하얀 국화는
소복하고 가을 향연을 뽐내지만
이네 청춘도 계절 따라 한 해가 갈 뿐
인동초와 더불어 새봄을 맞으리

스페인 국경 넘어 포르투갈 여정에
시골 찻집 에스프레소 한 잔의 추억과
파티마 성지 포도주 한 잔은 붉은빛이
4차원 뇌 회로를 빛의 속도로 지나가네.

침묵하는 생명은

조 영 래

태초부터 해,
바람과 바위, 태풍과 비
물 한 방울 풀 한 포기마저도
생태적 달마를 빌어왔다

지각은 끓어오르는 기운을 뿜어내
그 열기로 냉기를 가라앉히고 양탄자를 깔아
모든 생명을 온전히 품은 위대한 대지는
하늘 아래 산과 강과 바다를 수용하는 조화이다

마침내 개벽 몸살을 끝내고
고요가 찾아오고 해가 뜨고
새가 울고 꽃이 피고
온갖 열매가 실하여질 때 평화가 자리한다

꽃 피는 봄부터 여름 가을 겨울
사계를 거치며 초식동물 육식동물 미생물까지
쏟아져 나오는 생명의 땅
깨어나 활개를 치며 숨을 들이쉬고 내쉰다.

은은한 여인이 매화 향기 내며

조 영 래

매화! 너와 대화를 나누고자
외로움을 달래려 붓을 들고서
백자항아리 상단을 풍만하게
허리는 잘록하게 그려 놓았다

허나 잎은 윤곽선만 살짝 희미하고
가지는 굵고 진하게 한 붓놀림이
농담을 원융 조화와는 거리가 멀어졌네
먹빛이 강한 대조만 남아 흑백이 바뀐 줄이야

새 감각이라 자랑하던
필획이 살아나야 해
깔끔하고 담백하기는커녕
은은해야 할 매화향이 분방에 빠져버렸다

사랑하는 여인이여!
조건 없는 사랑에 빗대어
달이 천만 번 이지러지더라도
고운 자태 그 향을 팔지 말으소서.

지혜로운 제3의 길은

조 영 래

모래성에 쌓은 지구촌의 위기는
핵전쟁
지구온난화
과학기술은 인공지능의 만능시대로

물질경제가 막 내리면
과학기술 발전으로
오늘의 전문직은
내일의 실업자

전쟁의 이득도 사라지고
기후변화는 지구적 테러인가
과학기술은 통제되지 않는 위험인가
인간생존을 흔드는 허구인가

권력과 힘은 민주주의를 병들게 하고
노예는 인류를 행복으로 바꾸지 못해
호모 사피언스는 "제3의 능력"을 가진 존재일까?
"지혜의 길"을 제시할 것이다.

겨울 초입에 서성대는 영혼들

조 영 래

늦가을 비 내리는 무교동 거리에
노란 은행잎을 포도에 짓이겨버리고
방황하는 옷깃을 잔뜩 올려 흩어지고
향수에 목마른 텅 빈 회색 거리 나부끼는 잎새

인왕산 계곡수 겨울을 재촉할 터
대로에 오가는 사물들 속도를 높여보지만
타향 움집에 허연 변덕을 켜켜이 쌓여두고
찌든 상처뿐인 산동네 총각살이 몇 해이던가

가파른 길 오르면 저만치 오두막엔
삿대질하던 삶의 고단함을 묻혀놓고
허공에 아리아를 부르는 뮤지컬 배우는
백내장 거울 면에 순백색 청춘을 남겨두었나

흐린 잔에 춤추는 그림자 사라지더라도
숨넘어가는 생의 연민을 부여잡고서
배반당한 인생은 날려버려도 아깝지 않은 병고(病苦)
겨울 길목에 정념(情念)의 옷을 벗긴다.

정 희 정

아호는 주연
대륙문인협회 부이사장
서울시인대학 운영이사
아시아 서석문학, 한국가곡작사가협회 운영이사
아태문협 부이사장.
월간 ≪한국인≫, 2020년 3월. 2019년 2월. 2017년 11월. 시 12편 게재
서울시인대학 공로상
문학 공헌대상 수상
허난설헌 문학상 시부문 본상 대상(국제문화예술협회)
송강문학 예술상 시부문 대상(한국신문예협회)
제11회 서울특별시 청소년 지도자 대상
시집 제6집 『강을 품은 달』 외

하모니

주연 정희정

여름을 깨는 찌로찌로 찌르륵
무더운 허공 가르는 시원한 선율
바람 따라 구름에 올라타고
악보를 흔들어대고 휘저어 귓전에 여울진다

한낮에도 이어지는 매미들의 합창
한 옥타브 올린 음표
하늘로 높은음자리 벗어던진 소프라노
큐피드 화살로 날아와
가슴 깊은 곳으로 파고드는 영혼의 멜로디

붉은 장미 한 아름 꺾어 들고
나는 너를 주어진 시간 안에 만나야 한다
수억 만 개 인연 중에 나 하나 사랑 찾는
생에 단 한 번 부르는 노래.

동백꽃

주연 정희정

하얀 눈 속에서 활활 불타오른다
미처 피우지 못한 것은 이미 다 피어버리고
작은 꽃봉오리 사이로 불길이 달려든다
한때 불처럼 타오르던 꽃잎들이 사라진다

땅바닥에 붉은 꽃 흥건하게 피우려나
꽃은 안다 잠깐이지만 아름다움이었다고
짧은 생도 화려하게 나무에서 땅에서
내 가슴에서 꽃을 피우는 찬란한 생이라고

봄을 입히는 한 계절이 전생의 마침표를 찍는다
붉게 핀 꽃에 시선을 날리는 봄바람
가시 돋친 바람을 뚫고
박새 한 마리 동백꽃 나무로 날아들었다.

자연에 안기다

주연 정희정

얼마나 많은 시간이 웅크리고 있었을까
저 바람 어제의 바람이 아니듯이
나는 오늘 새로 태어난 새바람을 맞고 싶다

새 날아간 나뭇가지 오래 흔들리듯
우리가 손을 내밀어 무언가를 가만히 그러쥘 때
바람이 불 때 내 마음 자락 오래 흔들린다

세상에 아름답지 않은 것이 어디 있으랴
하얀 물안개에 슬며시 마음 올려놓고
그림 같은 호수에 내 마음도 살포시 안겨본다.

봄의 서곡

주연 정희정

비 온 뒤 푸른 하늘을 바라보는
그 눈부신 감동을
햇빛 받은 나무들의 푸른 속삭임
봄볕에 그을린 들판 이랑이 파랗다
세 뼘쯤 자란 보리밭 그늘도 일렁인다

싱그럽게 풋풋한 풀내음
작은 풀잎 사이를 지나는
나비의 날갯짓하는 장다리꽃
쫑알거리는 봄의 소리를 들으며
피어오르는 아지랑이

담장을 타고 오르는 노란 개나리
타로의 수수께끼 같은 퍼즐이 쏟아져 나왔다
땀 흘리며 파닥거렸을 하루가 넘는 스무고개
주저리주저리 늘어뜨린다
봄바람은 햇살 가슴에 얼굴을 묻는다.

작은 돌멩이

주연 정희정

때로는
말도 되지 않는 것이
목숨보다 더 절실한 것이
될 수가 있으니

아무리 작은 돌멩이라도
맞으면 죽는 개구리도 있다

다른 사람에게는 하찮고
아무것도 아닌 것이
어떤 사람에게는 한순간에
운명이 바뀔 수도 있다는 것을.

장 웅 상

영문학박사 포함 10개의 학위 취득
비교문학 전공(박사논문 : 샐린저와 벨로우의 작품과 도연명의 작품 비교연구)
인문학 강연가, 번역가, 작가, 타로 전문 심리상담사, 명리상담사
2018년 경기천년공부장인에 선정됨
온라인 CLASSU에서 '영문학박사가 알려주는 영어' 강의 중

저서
『공부가 하고 싶은 당신에게』
『저절로 읽어가는 영어』
『기적의 1분 영어』

구주령을 지나며

장 웅 상

영양에서 울진으로 이어지는 유일한 길로 들어섰다
구절양장(九折羊腸)의 비단길이 펼쳐져 있다
차는 가쁜 숨을 쉬며 88번 국도를 따라 달린다
눈앞에는 아홉 개의 구슬을 꿴 구주령(九珠嶺)
그 앞에는 금을 감추어 놓은 금장산(金藏山)
신선 세계를 지나가던 나는

눈이 휘둥그래지고
코가 벌름거리고
귀가 뻥 뚫리고
살갗이 시원해지고
실컷 잠자고 난 듯
아무 욕심이 없어지고
세상 모든 것이 아름다워 보여
노여움이 없어지며
공연히 웃음이 난다

한국의 장가계에서 나는 잠시 화중선(畵中仙)이 되었다.

겨울 덕유산 산행

장 웅 상

눈 내리는 겨울 산에 올랐다
아 이젠 아이젠이 필요한 시간
덕을 쌓는 산에 덕을 쌓지 않은 내가 오른다

눈 위를 걸어가는 눈꽃들
정상에서 피어오르는 온기
하강을 기다리는 눈꽃들의 행렬

산 정상에서 백학(白鶴)을 타고 내려간다
눈 한번 감았다 뜨니 다다른 모꼬지
신선이 구름을 타고
인간 세상에 내려오는 시간.

김

장 웅 상

바다내음이 가득한 그는
북태평양이 보이는 미국의 북동부에서 태어났다
어느 날 그는 한국이 그리워
전라남도 완도로 쾌속정을 타고 이민 왔다
그는 따로 영양제를 먹지 않아도
비타민이 풍부한 사나이다
그는 식사할 때 햇반과 가장 잘 어울리는
짙은 초록색 코트를 입은 남자다
그는 산 아지랑이의 김이 모락모락 피어오를 때
해변에서 유연한 자세로 요가 공연을 펼친다
그때 갑자기 바람이 불어
그의 얼굴에 무언가가 묻었다
나는 해변에 온 김에 그 무언가를 보고 싶었다
그는 어디가나 최고의 대우를 받는다
홧김에 도로 물로 뛰어들어볼까

언제나 나보다 후한 대접을 받는
저 잘생김.

그날의 기억

장 웅 상

화천 평화의 댐 근처의
덤불 사이를 걷고 있었다
돌무덤 주변에서 외톨이가 된
녹슨 철모가 붉은 눈물을 흘리고 있었다

나는 철모의 못다 한 이야기를
말없이 들어주었다
그는 꽃도 피우지 못한 채 잠든
이름 없는 용사였다

그는 한 마리의 나비가 되어
민통선 철조망 위를 날고 있었다
하얀 여우비가 내리고 있었다
비속에 나비의 눈물이 자라고 있었다.

다람쥐의 꿈

장 웅 상

월정사 전나무숲 줄무늬 단벌 신사
맨발로 지압하며 유유히 걸어가네
또르르 뻥튀기 하나 눈앞으로 굴러오네

반평생 끼니마다 견과류만 먹었더니
치아는 다 빠지고 임플란트 해야겠네
뻥튀기 손에 쥐고 한 입을 베어 무네

입 안에 넣자마자 스르르 녹는다네
잠에서 깨어보니 도시의 아파트 안
꼬리는 없어지고 두 발로 걷고 있네

냉장고 문을 여니 찰진 음식 가득하네
다시 눈을 뜨니 숲속 나무 아래
분수에 만족해하며 자연 속으로 걸어가네.

윤정식

강남구 역삼1동 감람감리교회 권사
서울시인대학 재학 중
세계문학회 신인문학상
설만한물가 운영이사

지지 않는 꽃

윤 정 식

아침이슬 머금고
애절한 아픔이기며
한 잎 한 잎 피어나는
그 모습 어찌 그리 아름다운지

가지가지 꽃 피우고
서로서로 보듬고 가꾸어
큰 아름 꽃으로 피어나는
그 모습 어찌 그리 우아한지

삼천만 송이 꽃
오천만 송이 꽃 되어
삼천리 반도 뒤덮을 때
그 모습 어찌 그리 화려한지

오천만 무궁화 꽃송이
영원히 지지 않는 꽃으로
빛을 발할 때
그 모습 어찌 그리 황홀한지.

행복된 새 삶

윤 정 식

책과 더불어
시와 동행하는 삶
넓은 마음 솟아나
이해 용서 사랑이루네

이것은
주님이 주신 것
날마다 웃음꽃 피어
풍요로운 가을을 노래하네

새로운 아침 해가
붉게 떠오르더니
뭉게구름
소리 없이 흘러가네

황혼의 노을빛
멀리 퍼지니
주안에 사는 삶
더없이 아름다우리.

아들 자랑

윤 정 식

길치, 기기치
답답함에 아랫물에
발 담그며 놀더니

공학도 아들
반도체인 덕에
네이버 친구 되었네

오르는 걸음마다
책과 친구하며
기기와 소통하니

윗물 꿈동산 강가에서
춤추고 노래하며
감사하며 산다네.

생명수 강가

윤 정 식

계곡물은 졸졸졸
가재 피라미 노닐고

시냇물엔 꿈을 키우는
버들치, 붕어, 새우라

메기, 장어, 쏘가리
잉어와 함께하고
금빛, 은빛으로 비상하니
강물은 놀랍고 위대하다

생명수 풍요로운 강가에
꽃이 피고 나무가 울창하니
새가 깃들고 노래 부르네
노을빛에 더욱 황홀하다,

서핑

윤 정 식

끝없이 넓고 넓은 죽도 바다
세 겹 네 겹 큰 물결 몰고 와
하얀 거품 내뿜으며 쏟아낸다

힘이 넘치는 검은 물개들
파도를 넘고 넘는다
역주행으로 산더미도 뚫고 나간다

어서 오라 파도야
이제는 너를 타고 올라
물결 위를 뛰어넘는다

어서 오라 파도야
이제는 너를 타고 올라
물결 위를 뛰어넘는다.

임상국

전북 순창 출생
일본 동경 法政대학교 법률학과 졸업
스카이경영연구원 대표
중소벤처기업부 등록 경영지도사, 공인기술거래사
신용보증기금, 소상공인시장진흥공단, 인천신용보증재단, 강원신용보증재단, 전라북도 경제통상진흥원, 한국외식업중앙회 등 경영컨설턴트
영성비즈니스코치, 사회적경제 창업컨설턴트 1호
저서 『마케팅 자동화 교과서』

민들레 씨앗 흩날리고

임 상 국

배 핸들을 쥐자
거친 파도가
고요한 바다를 깨운다

선장의 출발 명령에 하얀 희망이
어둠 속 별빛을 이정표 삼아
힘차게 날아간다

05시 30분 용산역 출발 목포행 첫 기차
역장의 출발 지시와 함께 자고 있는 어둠을 뚫고
설렘으로 가득 찬 기차는 달리기 시작한다

자궁에 민들레 씨앗을 품었던 울 엄마
밤새 새빨간 태양을 포대기에 업고
이른 새벽부터 문 앞을 서성이고 있겠지.

* 민들레 꽃말 : 행복, 감사

탐진치(貪瞋癡)

임 상 국

내 심장 속에 늑대가 산다
먹어도 먹어도 채울 수 없는
욕망을 먹고 사는 늑대 한 마리

내 가슴 속에 천리마가 산다
매일 매일 증오와 미움으로
가득한 말 한마디

내 마음속에 한 인간이 산다
살갗을 찌르는 날카로운 욕망과 증오의 가시
그 가시가 나 자신이 오래전에 뿌린 씨앗임을 잊고.

* 탐진치 : 탐욕(貪欲)과 진에(瞋恚)와 우치(愚癡), 곧 탐내어 그칠 줄 모르는 욕심과 노여움과 어리석음. 이 세 가지 번뇌는 열반에 이르는 데 장애가 되므로 삼독(三毒)이라 함.

무인도

임 상 국

마음에
돌멩이 하나를
던졌다

이내
연꽃이 피어나고
너는 내가 되었다

감사합니다
사랑합니다
주신 그대로를.

감사의 기도

임 상 국

출근길
떠오르는 태양을 바라본다
감사의 기도를 올린다
밤새 나를 기다려준 태양

인생길
지는 석양을 바라본다
감사의 기도를 올린다
내일도 태양이 그 자리에 떠 있을 것을 알기에

삶과 죽음
태양과 달
보이지 않지만 늘 현현(顯現)하고 있음을 알기에

난
오늘도
감사의 기도를 올린다.

순댓국에 수선화 피어나고

임 상 국

강원도 원주 시내 자유시장 지하1층 강릉집
차 세울 자리를 기다리는 승용차마냥 길게 늘어선
개미들의 행렬

좀처럼 자리가 빠지지 않자
배 속에서 벌써부터 자지러지게 울기 시작하는 아기
"다음 손님" 소리에 아기가 울음을 딱 그친다

비계를 말끔히 걷어낸 살코기에
갓 지어낸 밥과 함께 따뜻한 육수를 가득 품은
순댓국 한 그릇

국물이 반쯤 남을 때 수제 순대를 넣어주는
40년 전통의 주인장 할매
순댓국 속에서 따뜻한 수선화*가 피어난다.

* 수선화 꽃말 : 사랑, 자부심

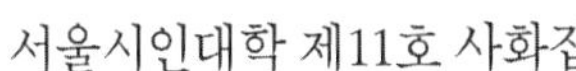

김경수

일본 동경한국인학교 수학
한양대학교 산업공학과 졸업 (공학사)
한국방송통신대학교 국어국문학과 졸업 (문학사)
월간 《사람과 산》 제6회 산악문학상 소설부문 수상
제22회 방송대문학상 소설부문 당선
2020년 《서울시인대학》 시부문 신인상 등단
소설집 『님비들의 성찬』

겨울이 시작되면

김 경 수

고산의 첫서리는
월동에 들어가라는 신호탄이다
생명들은 고단한 겨울을
인고의 시간으로 받아들인다

오랜 옛적 빙하기를 겪어내
대대로 전해진 DNA 속의 정보가
생존의 가능성을 지펴줄 뿐
살아나 봄을 맞이할 보장은 없다

산꼭대기에 상고대*가 피면
한파가 울부짖고 이빨을 드러내며
대지를 할퀴는 무자비의 절정,
다시 공룡시대의 절멸을 예고하는가

강이 얼면
노출된 물기는 다 사라지지만
우리의 입김이 대기에 무늬를 새겨
서로에게 살아있다는 사인(Sign)을 보낸다.

* 상고대 : 한겨울 고산지대나 호숫가의 나뭇가지에 형성되는 얼음입자

길이 달린다

김 경 수

나는 달린다 스프린터처럼
땅을 박차고 스타트!

한없이 길이 뻗어 있기에 뛰는 것은 그만
천오백 씨씨 오토바이에 시동!

급커브에서 아찔한 스릴감, 아드레날린이
마구 분비되고 맥박 수는 한계치!

그럼 이제 아우토반으로 가야지
이백칠십오 마력의 힘으로 액셀 가속!

시야가 순식간에 좁아지는 찰라
아, 소실점으로 빨려 들어가는 저 너머
길이 달린다!

아무리 속도를 내도
달리는 길에는 이길 수 없다
그래서 나는 완패!

삼면의 바다 끝에는

김 경 수

인천항에서 뱃길로 4시간
이 나라 최북단에서 꼿꼿이 버티며
이국(異國)의 땅을 바라보는
백령도는 정녕 위태로운가

호시탐탐 노리는 이가 있어
긴장을 풀 수 없는 독도야
멀리 베링해 너머 북태평양을 향해
우리의 정기(精氣)를 뿌려다오

한 때 외로웠던 바위섬*
부서지는 파도에 인적은 없고
폭풍우에 휘말려 사라질 뻔하여도
나는 그곳에서 살고 싶었다

남으로 끝으로 내려가면
남지나해가 펼쳐진 마라도
대양을 연모하며 꿈을 꾸던 곳
벅찬 세계를 향한 스타팅 블록**이다.

* 이 곡을 들으면서 첨엔 그냥 여름노래 쯤으로 알고 있었지만 이곡 바위섬은 1980년대 당시 전라도 광주의 모습을 외로운 섬으로 표현한 배창희 씨의 곡이다. 광주사태 당시 고립무원의 외로운 섬이란 미국 타임즈 기사인데 그 당시 외부와 차단되었고 교통 통신 수단이 전혀 통할 수 없는 고립무원의 외로운 섬이란 타임지 표지에 나온 이야기를 인용한 유래다.

– [출처] 바위섬 /김원중|작성자 초록호수에서 인용

** 육상선수가 출발선에서 받침대로 쓰는 것.

바위섬 /김원중 (노래가사)

파도가 부서지는 바위섬
인적 없던 이곳에
세상 사람들 하나 둘
모여들더니
어느 밤 폭풍우에 휘말려
모두 사라지고
남은 것은 바위섬과
흰 파도라네
바위섬 너는 내가 미워도
나는 너를 너무 사랑해
다시 태어나지 못해도
너를 사랑해
이제는 갈매기도 떠나고

아무도 없지만
나는 이곳 바위섬에
살고 싶어라

바위섬 너는 내가 미워도
나는 너를 너무 사랑해
다시 태어나지 못해도
너를 사랑해
이제는 갈매기도 떠나고
아무도 없지만
나는 이곳 바위섬에
살고 싶어라
나는 이곳 바위섬에
살고 싶어라.

나무

김 경 수

나무는 발광한다

나무는 가만히 서 있다

바람이 잎새를 뒤흔든다

가지도 바람 따라 휘청인다

뿌리는 깊이 파고든다

나무는 키가 자란다

줄기는 안 보이게 펄덕거린다

잎에서는 허덕이며 숨을 몰아쉰다

나무는 발광하고 있다.

피할 수 없는 가을 화살

김 경 수

얇아진 오존층 탓인지
햇살이 더 따갑다

구름도 없는 탓인지
더 멀리서 날아와
꽂히는 가을볕

기쁘게 맞는다
기꺼이 맞는다

오늘
내 몸을 맞히는 햇살더미는
가을 하늘에서 쏘는
신기전이다.

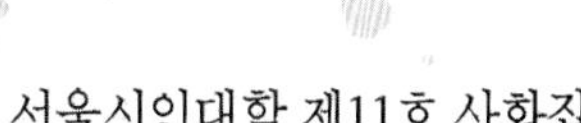

김문성

서울 강남구 일원동 거주
≪국보문학≫ 등단
현) 서울시인대학 동문회장
서울시인대학 재학 중
현) 강남희망나눔봉사회 회장
일원1동방위협의회 회장
일원동상가번영회장
2018년 숭실에듀 시쓰기와 시낭송 콜라보 수료
숭실에듀 첫열매의 기쁨 제 1호 출간
사화집 『첫만남의 기쁨』 7호, 8호, 9호, 10호 참여

어떤 이의 퇴근길

김 문 성

열차의 기적이 울리면
지갑 속엔 겁먹은 천원 두 장
바삐 움직이는 사람들
귀속을 파고드는 종소리

어둠은 내 길을 먹어 치우고
몰려다니는 기도소리
쓰린 속이 운다
그녀는 어디에 있을까

문자가 왔다
비가 오려나 보다
지금쯤 고향 박꽃이 피었겠지
어디선가 삼겹살 익는 냄새

주머니에 초콜릿이 녹고
유성은 어딘가로 떠나간다
현관문을 여니
짙은 어둠이 쏟아져 내리고.

고향 생각

김 문 성

마을 앞 고래실 여덟 마지기
음악으로 달리는 자동차
도시에 땅거미가 내린다

마을을 지키는 우는 바위
서울행 급행 7시 발
어머님의 칼국수가 끓고

중절모에 쌓이는 눈송이
오일장은 이제 끝났다
철제 서랍 속 두고 온 추억

뱀고개에는 어둠의 비늘
퇴근길 뜨거운 지하철
까마귀 떼는 뒷산에 앉았다.

아버지의 묵을 갈며

김 문 성

아침은 아직 먼데
누군가 부르는 소리
놀라 일어나서
남루한 이불을 개지

축문을 써주세요
혼약서를 부탁해요
재를 넘어서도
찾아오는 이웃들

필묵지연을 챙기고 벼루에 묵을 갈면
아버지는 천둥의 신 붓은 검은 번개

묵을 세워 갈 거라 기울면 마음도 기울고
손끝 잡념이 피면 글자의 낯빛이 어둡다

아버지의 까만 선녀들
춤추며 내려온다
질서와 자유의 공존
무릉도원이 이랬을까.

고래는 어떻게 나를 먹었나

김 문 성

고래는 항상 내 꿈속에서
대양을 건너는 여행자
지느러미 끝에 날 매달고
파란 하늘 헤엄치는 동반자

부산 사는 큰딸이 데려간
고래고기 집 간판은 미식가
열두 가지 맛을 찾아
혀를 움직이는 나는 탐험가

고기를 한 점 맛 봤을 뿐인데
고래는 날 통째로 삼키고
48평형 수염고래의 뱃속은
내 상상의 다락방

타조의 발 봉황의 날개로
언제든지 날아오르지
시도 때도 없는 상상력
나는 행복한 시인이랍니다.

대나무 숲의 비밀

김 문 성

대숲에서 길을 잃은
애송이 실바람
철학자가 되어
시어를 낭송하고

댓잎에 걸터앉은
한 서린 구름은
청렴 선비의
눈물 되어 내린다

널 가슴에 담으려
나를 비우고
속알 없이 살지만
잎새마다 청운의 꿈

올곧은 세로 본능
질긴 가로 인생
허전함을 숨기고 사는
나는 대나무랍니다.

이 채 원

시인, 수필가, 차문화치료사
국제PEN한국본부 회원
한국문인협회 상벌제도위원
부산문인협회 회원
부산가톨릭문인협회 회원
부산PEN문학협회 회원
청옥문학협회 이사
서울시인대학 6기 졸업

수상
2011년 제14회 매월당김시습문학상 금상
2013년 제7회 무원문학상 본상
제8회 대한민국통일문화 대상(2012)
제2회 김어수문학상 우수상(2019)
제10회 청옥문학상 공로상(2020)

저서
『금정산의 다향』, 『사랑 가득한 다향(茶香)』
공저『내 마음의 숲』 외 다수

가야금의 아름다움

이 채 원

가야금 12줄의 아리랑 연주는
오가는 길손의 발길을 멈추네
우리 민족의 한이 서린 아리랑의
구슬픈 음률은 소리 없는 애환이 되어
나의 茶香의 쉼터로 몰려오게 하네

한 줄을 튕기며 한 민족을 느끼고
두 줄을 튕기며 소리 없는 메아리가 되어
모두가 한마음으로 변하여
백의민족의 혼을 느끼네

아! 구슬픈 12줄의 가야금이여
아! 한 많은 우리 민족의 아리랑이여
한 음률을 들을 때마다
아리랑 민요의 빠져드는 그 이름 가야금이여

우리 민요 아리랑이여
길손들의 가슴속에 파고드는
심장의 고동소리여
삼라만상의 모든 잡념 사라지고 살며시 눈을 감는다.

꽃을 부른다

이 채 원

봄이 오면
참기 어려운 땅 밑의 진동함이
머리를 들고 이마에 진동을 만든다
각가지 색으로 무장하여 구름을 베낀다
개나리로, 목련으로, 벚꽃으로
사람의 시선을 묶어 고개를 모은다
한아름 가득 아니 한바탕 크게
하늘 아래 모두에게
미소를 만들며
애교로 꽃을 피우라고
봄나들이 전쟁으로
기쁨을 얻는다

기분 좋게 하루 종일
물들어 가며
이 혼잡한 꽃 속에 갇히어서 봄을 열고 있다.

병상에서

이 채 원

가로막힌 창가에서
바깥세상이 보고 싶다
어제 보았고 내가 걸었는데
잠깐의 휴식이 이렇게 앉아 있다
다들 뛰고 걸으며 시간들을 잡았는데
남이 모르는 세월이 약이라고
이 순간 혼자만의 시간을 보낸다
똑같은 모습으로 똑같은 환경에서
나를 실험하고 있다
하얀 벽이 가로막힌 숨 쉬는 공간에서
이렇게 나를 홀로 보고 있다.

차(茶)의 미학

이 채 원

한 잔의 차(茶)를 마시면
세상의 번뇌 사라지고
환한 미소가 귓전에 속삭이네

두 잔의 차茶를 마시면 정신을 맑히니
빗줄기에 온갖 티끌이 씻기는 듯
그리운 사람이 하얀 한복을 입고 내 앞에 다가와 있네

세 잔의 차(茶)를 마시면
깨달음을 얻으니
도(道)의 경지에 이르네

네 잔의 차茶를 마시면 몸과 마음이
정화되어 무심(無心)이 자연스럽게 형성되니
신선되어 우주가 서로 화합하여
세계가 하나 되어 무지갯빛으로 보이네.

유채꽃

이 채 원

낭창한 꽃대 위에 탐스러운 유채꽃
따사로운 봄바람에 너울너울
강바람의 음률에 맞춘 노랑나비의
군무(群舞)에 잠시 넋을 놓는다

꽃물결 일렁이니 코끝에 와 닿는
상큼한 향기 초록바다에 노란 붕어가
떼 지어 다니는
낙동강 생태공원엔 봄이 한창이다

노랗게 꽃물이 들곤 했던 소녀의 미소
오늘 밤엔 나비되어
어릴 적 꿈속을 날아 볼까나.

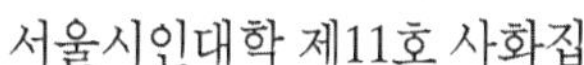

김향희

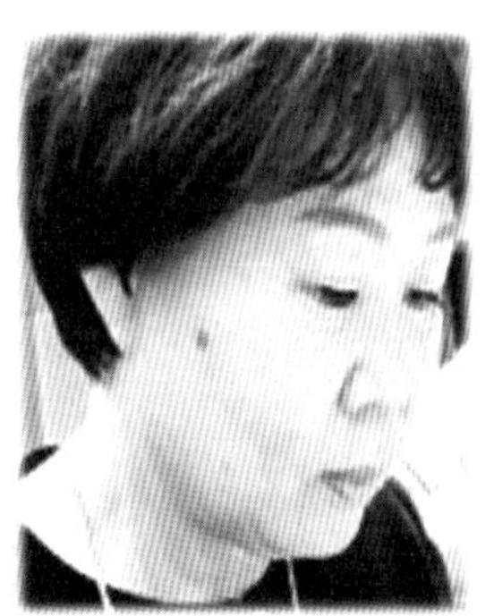

월간 ≪국보문학≫ 시부문 신인상 수상
한국국보문학협회 회원
현) 서울시인대학 재학 중

공저
『첫 만남의 기쁨』 제9호, 10호(서울시인대학 사화집)

새해에는

김 향 희

엄니가 지피는 군불이
아랫목을 달구는 새벽녘
밤새 울어대던 문풍지를
누운 채로 멀거니 바라봅니다

빛바랜 문풍지 위에
덧발라진 흰 종이가
지난 허물을 덮어주며
어깨를 토닥입니다

장독대에 쌓인 눈이
크고 작은 봉우리를 만들어
아침 햇살에
눈부시게 반짝이네요

새해에는
필요한 곳에 서 있는
떡국에 올린 고명 같은
맛을 내는 사람이 되어야지요.

고향의 봄

김 향 희

고향 친구들의 안부가 그리운 바람
덤불 속 풀잎이 평화를 부르고
야산에 핀 앙증맞은 들꽃들이
주름진 눈가를 다림질하는 오후

흐르는 금강 줄기는 변함없건만
밭도랑에 쪼그리고 앉아서
잡풀을 뽑는 아버지의 어깨는
지난번보다도 더 작아 보인다

주말에는 아들이 좋아하는
파김치를 담가서 보내줄까
로컬푸드점에 진열된 쪽파 단
개구리눈이 되어 슬며시 놓는다

하우스에는 고추 묘가
다닥다닥 판자촌을 이루고
밭둑에는 쪽파 부대가 줄지어
헤프게 허리춤을 추고 있다.

그날이 오면

김 향 희

내 인생 황혼이 되면
그리던 고향으로 낙향하여
바람소리 벗 삼아
청빈한 아낙으로 살리라

어둠을 벗고 새벽이 오면
밭으로 나가 이슬을 깨우고
도라지꽃 고추꽃에
아버지의 이야기를 들려주리

여름비가 지나간 후
앙증맞은 감꽃을 주워
실에 꿰어 목에 걸고
오일장에 나가 쌀 튀밥을 튀겨야지

호박넝쿨 닮아가는 주름진 손에
새끼 로션 문질러 바르고 누우면
들려오는 풀벌레 울음소리가
그대가 불러주는 자장가였으면 좋겠네.

노년의 친구들

김 향 희

그곳에 가면
만나서 반갑고
안 보이면 궁금한
우리는 당구 친구들

남녀 구분 없이
편을 가르고
에잇볼 경기에
몰입하는 선수들

숨이 멎는다
눈빛이 작렬한다
몰입하는 그 순간
심장이 뜨거워진다

꺼져가는 불씨가
바람에 일어
다시 타오르고
그 속에 내가 있다.

박스 줍는 할아버지

김 향 희

종일 몰아치는 눈바람이
빈 가지에 부딪히며
요란한 울부짖음으로
속을 뱉어내던 밤

찹쌀떡 외치던 소리도 끊기고
모두가 부산하게
하루를 접는 시간인데
어찌하여 안 오시는지

팥빵이 담긴 봉투를 바라보며
간간이 창밖을 바라보지만
인적이 끊긴 거리에는
바람소리만이 윙윙거리는데

매장 셔터를 내려야 할 시간
굽은 허리 바람에 비틀거리며
꽁무니에 리어카를 매달고
저기 노인이 오고 계신다.

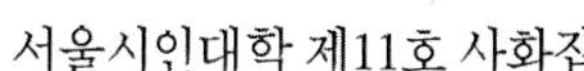

진유정

2013년 월간 ≪국보문학≫ 시부문 신인상 수상
(사) 한국국보문인협회 호남총회장
한글문인협회 광주지회장
광주광역시문인협회 회원
서은문학연구소 회원
서울시인대학 졸업
한국현대시인협회 회원
2016년 예원문학상 최우수상 수상
2017년 문화예술 명인대전 시부문 수상

공저
『내 마음의 숲』, 『첫 만남의 기쁨』, 『광주 문학』,
『서은 문학』, 『무등문학』

그리움

진 유 정

잔잔한 호수를
무심코 보았더니
꽃잎 떨어진 호수 위로
보고픈 얼굴 하나
이제는
볼 수 없는 님의 얼굴
그리움으로 남는다.

아직도 풍금소리 귓전에

진 유 정

가난해도 해맑은 아이들
배고파도 장난꾸러기 아이들
곱게 넘긴 스승님의 머리카락 위로
아침 햇살이 빗질하듯 비껴간다
동백기름 진하게 바르시고
말끔하신 선생님!
공부뿐만 아니라
양치질하는 거며 위생관리까지도
가르쳐 주셨던 선생님
제자의 실수도 덮어주시고
행여나 상처가 될까 봐
조용한 사랑으로 바라보아주신
스승님, 보고 싶습니다
담장 너머 넝쿨장미 한창인데
저 멀리 풍금소리 들리고
스승님 웃는 얼굴 보이는 듯한데
스승님은 어디에 계시나요.

강태공과 사는 아내

진 유 정

비가 오면 비옷 입고
해가 뜨면 모자 쓰고

일주일 내내 기분 좋아
토요일 되기만 손꼽더니

두 아들 보쌈해서
애마를 몰고 낚시를 간다네

휘파람 불며 콧노래 흥얼흥얼
입은 어느새 귀에 걸렸구려

저렇게나 좋을까?

강태공과 사는 아내
이젠 내공이 쌓여

만세삼창 외치고
자유부인 등극하네

두 딸 양쪽에 끼고
어딜 가볼거나?

상록도서관에 가면

진 유 정

벚꽃이 만개하여
차를 타고 가다 보아도
기쁨을 주는 이곳에
보물선 하나 숨어 있다

꽃비를 맞으며
행복에 젖고
한 권의 서적을 읽으며
인생의 향기를 찾아가는 곳

녹음 짙어지고
숲이 우거지면
한여름 더위에
땀을 더 흘려야겠지만

상록도서관에 가면
한 장 한 장 책장 넘기는 고운 소리
책을 사랑하는 사람들의
세레나데.

용산역에서

진 유 정

초행길인 데다가
여긴지 저긴지
이 길이 맞는 건지
틀린 건지
제대로 갈아타고 가는지
안심이 되지 않는다

노선표를 확인하고
이방인은 한시름 놓는다
시민의 발이 되어주는 지하철
따뜻한 배려가 살아 숨 쉬는 곳
인생 여정의 고마운 동반자

안드로메다로 향하는 메텔은
은하철도 999를 타고
잘 갔는지 궁금하다
마쓰모토 레이지가 창작한
애니메이션이 생각난다

나는 시 공부하러
가장 싸게 가는 일원역 다음 역인
대청역에 하차를 희망한다
'내리실 문은 오른쪽입니다'
역세권 서울특별시민이 부러울 뿐이다.

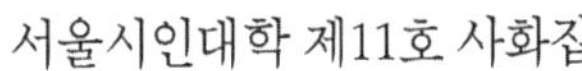

양화춘

서천주부독서회 21회 출판회장 역임
서천문화원 시낭송 회원
현) 이상재기념사업회 부이사장
서울시인대학 재학 중

공저
사화집 『첫 만남의 기쁨』 10호

빈손도 괜찮아요

양 화 춘

빈손으로 태어나
빈손으로 떠나게
된다는 걸 알면서도

갖고 싶은 욕망을
버리지 못한 채
바쁘게 보낸 세월

가진 것은 허망함
덧없는 욕심을 버리자
덕을 쌓고 살자

거북이처럼 느리게
바쁜 체 하지 말자
선하게 건강하게 살자.

산 그림자

양 화 춘

파란 물감 위에 하얀 구름
찻잔 속에 산 그림자
가을 속에 고독함이 밀려오고

붉은 노을 바라보니
한없이 쓸쓸해
노래를 불러 보네
내 마음 흔들리는 촛불

가을 끝자락에
아쉬움이 많아 나 자신을
자꾸만 돌아보게 되네
하나둘 비워진 들판
마음도 텅 비었네

앞산 감나무만 주렁주렁
홍시 보고 침을 꼴깍
어느새 산까치 나보다
먼저 먹으며 노래 부르네.

도랑물

양 화 춘

위뜸에서 아래뜸으로
흘러내리는 물속 돌멩이
밤낮으로 몸을 가꾸어
미끄럽고 부드럽다

흐르는 물속에서
소금쟁이와 피라미들이
한가로이 노닐던
시냇물은 맑고 깨끗했었다

시원한 바람 살랑거리고
낮은 지붕 사이로
삐죽 솟은 굴뚝에선
하얀 연기가 피어오른다

맑은 물속에
내 모습을 비추어 보며
이슬 같은 꿈을 꾸곤 했었다

물속에 뿌리를 내리고
사는 물풀을 생각하고
웃자란 오만을 잘라버리고
겸손한 마음으로 살자.

산소길

양 화 춘

가을하늘은 높아만 가고
바다 건너온 짠바람이 그리워진다
이른 새벽 해뜨기 전
벌초하러 나선 차소리일까

시체처럼 누워 천장에 질문을 던진 채
그림을 그려보았네
부모님 묘지 가는 길
이름 모를 꽃들이
가는 길마다 칠남매 반겨주네

부모님 보고 오는 길
옛이야기 먹먹해지고
언니가 침묵을 깬다
막내야 노래 좀 틀어라
오빠도 나도 빙그레
행복한 추억들

황금들녘 지나
다이아몬드처럼
반짝거리는 바다
마량포구의 우리처럼

비슷한 사람들의 울음소리
그물에 퍼득이는
은빛 전어를 본 순간
우리 남매 침을 꼴깍 삼킨다.

신문보다 책보다

양 화 춘

뭔가 궁금해 하던 차
금세 해결해주던 작은 마법
열심히 바라보던 그 무엇

책장을 넘기던 손
신문을 구석구석 읽던 눈
어느새 우리들은
다른 세계로 익숙해지고 있다

너도나도 작은 기계 하나씩
보고 싶으면
기다릴 필요 없이 똑똑 누르면
눈 깜박 얼굴을 볼 수 있는 세상

정보가 넘치고 빠른 것보다
상상 속의 느긋한 여유를 가져보는
우리들의 모습을 꿈꾸어본다.

행복은 내 마음에

양 화 춘

행복과 불행은 내 마음에 있다
감탄을 잃은 사람을
시큰둥족이라 한다
꼰대는 과거로 돌아가고
리더는 미래로 향해 달린다

나와 비슷한 사람이 아닌
다른 생각을 가진 만남에서
다양한 인생을 배우고 익힌다
타인에 의견을 존중하며
기념일을 매일 생성한다

추억을 그리고 만들어
돌담 쌓듯이 쓸데없는
광기 빼고 구름처럼
사뿐사뿐 가벼이 살자.

시댁과 친정

양 화 춘

시댁가족 친정가족
서로가 서로를 알아봐줄 때
버팀목이 되어
열심히 살아갈 수 있었다

서로 다른 문화를
다독이고 껴안아가며
두려움 없이 산 세월

진정한 마음의 자유를
주름진 얼굴이 되어서야
뒤돌아보게 한다
소홀했던 시간 이정표 삼아

시댁일가 친정일가 소식 전하며
풍요로운 삶을
일가친척들과 손잡고 살자.

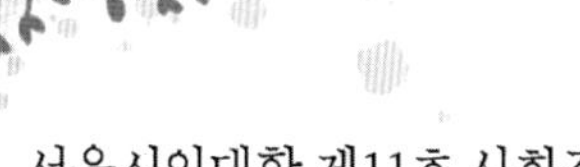

이석자

서울 출생
월간 ≪국보문학≫ 시 부분 신인상 수상
합동 총회신학 졸업
총회신학 목회대학원 목회학 석사
기독교 영성신학 연구원 목회학 석사
VIRGINIA CHRISTIAN UNIVERSITY.(명예종교 교육학 박사)
숭실대학교 숭실에듀 시창작과
시낭송콜라보 방과후지도자 1급 자격증
전) 베들레헴 장로교회 담임목사
현) JESUS 119구국기도 협의회, 공동대표
현) 기독교 영성상담
현) 서울시인대학 재학중
현) 서울 송파 행복한 수필쓰기 수학
저서
『현시대가 원하는 목회자상』(논문)
『21세기 영성목회에 관한연구』(논문)
『나는 누구인가』(천국과 지옥 간증집)
『첫 열매의 기쁨』 제1호 출간(공저)
『첫 만남의 기쁨』 사화집 제8호 - 11호(공저)
E-mail : sunset8256@hanmail.net

황혼 들녘에서 별들에게

노을 이석자

지난 발자국 돌아보면
내 생각 내 뜻대로
살아왔음을 고백합니다

마음 비우지 못한
주님 떠난 교만이었고
모두가 욕심이었습니다

오래 기다리시고 참으시며
끝까지 지켜 날개 안에 품으사
돌아오게 하심을 감사드립니다

저무는 황혼 들녘에서
온전히 하나님 계획하시고
내게 숨겨져 있는 모든 것

빛나는 일곱 빛깔
아름다운 사랑의 도구로
별들에게 뿌리게 하소서!

* 양곡도서관 공원 벤치에서

주님 나는 참 행복해요

노을 이석자

주님 나는 참 행복해요
생명의 양식을 먹으니
푸른 동산 뛰어다니는
백마가 되어요!

주님 나는 참 행복해요
말씀 꿀송이보다 달아
향기 넘치는 꽃밭을
날아다니는 나비가 되어요

주님 나는 참 행복해요
폭풍이 몰아쳐도
독수리 되어 힘차게
빛을 향해 날아가요

주님 나는 참 행복해요
말씀 무지개 되어
뭉게구름 해맑은
웃음으로 춤을 추어요.

* 구갈, 빛 없는 원룸에서

신비 속 대자연

노을 이석자

나답게 살고 싶다
신과의 만남 속에서
자연과 하나 되고 싶다

악하고 추한 것들
들어오지 못하는
마음 방파제 있으면 좋겠다

세상이 나를 조용히
놔두었으면 좋겠다
저 - 찬란한 자연을 보라

거룩함과 신령함
아름다운 소리에
귀를 기울여 보라

내 영혼의 유리바다
갖가지 보석들 펼쳐진다
그 속 신과 합일점 찾아

깊은 심연의 고요함과
평안함 온몸과 정신
신비로움 속에 사랑 넘친다.

* 양곡도서관 숲길에서

꿈의 섬

노을 이석자

물결이 찰랑찰랑
나비 춤추며
갈매기는 끼룩끼룩
노래를 부른다

저 수평선 너머엔
작은 섬 있어
그 누가 살고 있기에
이토록 가고 싶을까?

별을 따다 바다에 뿌리고
달빛 등대 삼아 길 만들면
그리운 꿈의 섬
건너갈 수 있을까?

* 서해바다 파도리에서

하나님은 자연 속에서 교훈

노을 이석자

신은 자연 통해 교훈하시며
하나님 지혜 알기 위해
짐승에게 배우라 하였네

개미는 근면성 가르치며
학은 온유함을 뱀은 지혜를
까마귀는 봉사를 비둘기는 순정을

장미는 사랑과 가시에
주님의 십자가 사랑
깨달아 알게 하시네

백합화는 순결과 신비 대하여
인간에게 교훈하고 있음을
자연은 신의 섭리 가르치시네….

* 기흥도서관 숲길에서

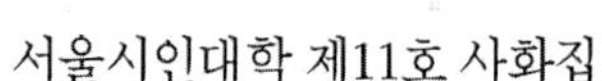

김선미

1968년 제주도 출생
2007년 05월 선진수산영어조합법인 상임이사 취임
2013년 05월 선진 레이버 영어조합법인 대표이사 취임
현) 농수산대학교 현장 교수
현) 서울시인대학교 재학 중

꽃마실

김 선 미

깨알같이 옹기종기 모여 있네
하얀 송이 지지배배 다정도 하네
사방천지가 제 세상이네요

근데 진짜 위엄을 가지고
뚱뚱하고 지친 기색으로
서 있는 영물 하나

천년의 아름답고 아린 세월을
견디고 버텨온 감동의 눈물
짠한 마음으로 쳐다보네

괜찮다 잘했다 이쁘다
엄마 마음으로
내소사 앞마당에 서서
우리를 반기네.

비가 내리네

김 선 미

차에서 내려 산책하려던 그 순간
스윽스윽 한두 잎이 떨어지네
며칠 만에 온 길인데 다 아는 듯
내 길을 어지럽히는 훼방꾼

크레센도 빗줄기는 하루 종일
나를 회색 건물 안에 가두네
핑계 삼아 더욱 게을러지고
나른해지는 하루가 가네

바람은 살랑살랑 불고
깨끗이 목욕재계한 풀들이
상큼하기도 알싸하기도
눈 비비며 아침을 맞았다

애매한 나이 오십 줄에 들어섰지만
비 온 뒤 맑아진 세상은
나를 첫차를 타볼까 하는
새로운 꿈에 부풀게 하네.

내 귤꽃

김 선 미

코끝을 간지럽히는 향수
귀신 들린 듯 빠져드는 발걸음
엄마와 손잡고 가보네
뒤뜰의 꽃잔치 속으로

어릴 때부터 매년 맡았던 것을
이제야 더 정겨운지
내 어릴 적 죽마고우
밀감밭에 서 있네

50년을 한자리에서 자식 잘 되기를
빌고 또 빌며 겪어낸 세월
그 사랑 먹고 무럭무럭
잘난 체 하는 열매

나도 어엿하게 부모가 되어
애증의 그 모습 본받아
물고 닦고 이뻐한 내 분신
오늘은 뭉클 꽃다웠던
스승님이 보고 싶네요.

친구가 사라졌다

김 선 미

눈 비비고 일어난 새벽
춘장대로 태우러 오라는 아들
부스스한 얼굴로 차에 타더니
악마의 전령 소식을 전한다

이쁘고 열심 열심했던 친구
한 눈 한 번도 안 팔았던 그녀가
왜왜 그랬을까
언제나 최선을 다해서…

가족을 걱정시키고 화내고
조금의 일탈 과한 소비
공주처럼 살았던 내가
참 잘 살았구나

쉬운 일만 찾아서 했던
어린양 하며 가족사랑이라고
우긴 나를 받아준
이쁜 내 냥냥이들.

버들강아지

김 선 미

산책 갔다 이쁘게 움 오른
너를 보았네
친구가 너를 버들강아지라 하네
연연두 이쁘기도 하여라

이른 봄 무심코 지나친 순간들 속에
열쇠가 있었네
이사 와서 첨 만난 행운
내 인생의 희망
내 삶의 미래라 해서
참 열심히 살았네

점점 덩치가 커지면서
화분 엎지르고 귀여운 말썽질
쪼르르 달려오는 쪼꼬미
이놈 왜 화분 엎질렀어 때끼
두 아들 까르르 까르르
맘 아파하네

햇살이 좀 따가워
땀 삐질삐질 나는 늦봄
장대같이 커 버린 두 아들과
그 아이 말하곤 웃네.

강순구

목사, 시인, 수필가, 아동문학가, 쉴만한물가 발행인
휴스턴신학대학 목회학 석사(MA), ICC대학 문학박사(PH.D)
월간 ≪국보문학≫ 시부문
월간 ≪문예사조≫ 수필부문
한국아동문학 동시조 부문 등단
한국문인협회 문학기념물 조성위원회 사무국장
한국기독교문화예술총연합회 홍보대사
세계문학회 사무총장
짚신문학회 이사
창조문학회 이사
한국아동문학회 이사겸 사무차장
자랑스러운 한국문인상
대한민국 문화예술 명인대전 시 부문 대상
세계문학 시 창작 대상
짚신문학상
청계문학상
법무부감사장
서울시의회장상
고양예총회장상 외 다수
시집 『시가 의자가 되어주다』, 『어찌하면 됩니까』, 『사그래이』

留糧川(유량천)

강 순 구

梅花白花滿上太祖山 매화백화만상태조산
留糧川桃花水地軸拍流 유량천도화수지구벽류
無限水流多情多恨戀歌 무한수류다정다한연가

새하얀 매화꽃은 태조산 가득하고,
유량천 봄의 물은 지축 치며 흘러가고
끝없이 흐르는 물소리 참 애틋한 연가 소리.

파도

강 순 구

가슴속 멍든 포말
파도의 몸짓 따라

울컥울컥 토하듯
천만번 행궈본다

그리움 조약돌 되어
아직까지 춤춘다.

반성문

강 순 구

청산이 날 보면서
말없이 살랬는데

하늘은 나를 보며
티 없이 살랬는데
내 인생 뒤돌아보니 진흙탕 속 살았네

바다는 나를 보고
청청히 살랬는데

대지도 나를 보고
원만히 살랬는데
내 인생 뒤돌아보니 욕심 성냄 살았네

물처럼 바람처럼
유유히 흐르면서

주님의 마음으로
이 나라 이 백성을
성심껏 섬겨가야지 복음으로 봉사로.

세파 속에서

강 순 구

세상 속엔 어둠의 물결
넘실거리며 춤을 추고

사람들 마음속엔
죄악이 넘실거리며
춤을 추고

하늘에선
심판의 소리 물결치듯
쉼 없이 들려온다

출렁거리는 죄의 사슬이
죄어오니 우리마음은
고통의 날숨과 들숨으로
지쳐간다

오직 예수만이
자유와 평화의 쉼터이니
주의 말씀에 닻을 내려보세.

사랑은

강 순 구

사랑은
값없이 주는 것
대가를 받음이 아니지요

사랑은
비우는 것
내 욕심 채움이 아니지요

사랑은
더 해주지 못해
항상 아쉽고 아쉬운 것

사랑의 열매는
기쁨과 즐거움과
가슴 뿌듯한 감동이지요.

이창주

아호는 설송, 2020년 ≪서울시인대학≫ 신인상 수상
경남 고성 출생, 군 포병소령 예편
2019년 숭실대학교 숭실에듀 시쓰기와 시낭송 콜라보 수료
서울시인대학 제9호, 10호 사화집 편집국장
토탈융합기술연구원 원장
정보처리 기술지도사(중소기업벤처부)
한국경제신문사 부장근부
농림수산부 기술정보원, 중소벤처부, 한국에너지평가원, 정보통신기술연구원, 한국인터넷진흥원, 한국산업기술평가관리원, 창업진흥원, 국가기술심의위, 숭실대학교 정보과학대학원 강사역임
서울시인대학 시낭송회 대상수상

저서
『중소기업창업 지도서』, 『융합기술응용론』
편저 『 중국강제성인증제도』 외
특허 〈바다굴양식장용 부구〉 외

봄

설송 이창주

그토록 그대 입김 머물고 싶어
서성거렸다
그대 입김에 닿고파
찬바람 보내버렸다

노랗게 멍이 들어 내밀었다
삼천리 푸른 옷 입고 이고
향기 뿌리고 빨간 꽃 노란 꽃
벌 나비 가지고파 기다렸다

앞산 아래 개울가에 졸졸 노래 부르고
먼 산 노루 세상 구경 나오는데
아지랑이 아롱아롱
햇볕 받아 낮잠을 잔다

창문 앞에 민둥가지
연분홍 매화가 무리 지어
봄이 갈세라 벌 나비 불러놓고
버들강아지 하늘 구경나간다.

삶의 흔적

설송 이창주

시절이 좋아
내 몸에 지니고
이웃이 좋아
내 마음에 지닌다

찾는 게 하늘과 땅
지나는 바람에 마음을 재우고
발걸음 함께 춤추며
영원한 친구가 되어

태양이 솟아 온 누리에
발걸음이 바쁜 사람 사이로
사슴이 뛰어 웃음보 따라
나와 다른 혼을 찾아서

소주잔 들다가
무거워진 팔다리
혼과 육체가 흩어져도
걸어온 흔적이 깃발을 움직인다.

눈꽃 내리는 날이면

설송 이창주

푸른 나뭇잎은 가버리고
사이사이로 바쳐진 별빛
바람도 머물고 간 자리
하얀 꽃 너울져 곱게 펄럭인다

가지마다 꽃송이 되어
하얀 얼굴 곱게 곱게
햇빛에 눈부시게
내 얼굴 처다 보네

산골짜기
낙엽 헤치는 사슴 한 마리
산책 나온 토끼와 어울려
다람쥐 데리고 깊은 잠이 들었다

하얀 꽃 꺾어다
창가에 꽂아놓고
멀리 간 친구와 옛날 찾아가서
커피 향에 가슴 적신다.

시인의 삶

설송 이창주

질퍽질퍽 길 위에
그리움을 전한다
인생 낙이 무엇인지
혼을 두들겨 붉은 냄새를 전한다

내 영혼을 담아 내리고
인생길을 품어 내어
마음과 가슴을 달구어
깜깜한 긴 터널 속 빛을 찾는다

잃어버린 세월에
변하지 않는 산과 초목 사이로
진눈깨비와 사슴들이
외롭다 친구 하네

가슴에 솟구치는 붉은 꽃
진동 울리는 혼을 뿌리면서
사계절 향을 피워
영원한 꽃을 심는다.

생일의 의미

설송 이창주

울고 어둠을 헤치고
태양을 보았다
별이 빤짝빤짝 초롱초롱
즐기는 기쁨을 보았다

어머니 아버지 할머니
무릎 위에 놓여 내 몸이 굵어졌다
가슴속에 쌓인 수많은 충동
보고 느낀 무거운 기쁨

강물과 태양, 별이
지나가는 길가에
노루 사슴이 뛰어놀다가
비바람을 간직한 태산

즐기는 기쁨도
보내는 고통도
순간에 잠들어버린 순간
흔적을 남겨서 너무 기쁘다.

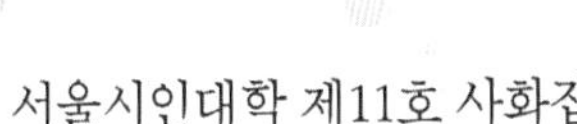

최 미 경

오륜교회 그레이스저널 편집위원
제31회 여성문학인회 주최 전국
주부백일장 시부문 1등 수상
숭실대학교 숭실에듀 시창작지도사
방과후 지도사 양성과정 1기 수료
시 쓰기와 시낭송콜라보 제1기 사화집 편집위원
서울시인대학 제8호~제11호 사화집 편집위원
서울시인대학 재학 중

거저 받은 삶

최 미 경

희뿌연 동녘 하늘에
보석으로 박힌 샛별
어둠을 뚫어버리고
초연히 떠 있는 달

온 세상을 밝히는
붉고 큰 광명
철 따라 미풍과 강풍
이른 비와 늦은 비

값도 없이 받은 것
셀 수 없이 많은 복
예사로이 당연하게
거저 받아왔으니

불쑥 정체 드러낸
삶의 어두운 복병도
누린 은혜, 그 힘으로
이기며 나아가리.

살아내기

최 미 경

허리가 휘도록
주리고 헐벗어도
산처럼 버티며

꿋꿋이 살았는데
불청객 코로나 팬데믹
설마 꺾일 리야 하랴만

죽음의 병 절망에
사람이 두려워
고립된 영혼이여

사방으로 우겨 싸여도
생명 줄 놓지 말고
하늘을 바라보자.

백담사에서

최 미 경

설악 줄기 타고 오다
계곡에 머문 바람
백 개의 못 물든 붉은 잎
상수리 물푸레 갈옷 입히네

백담사의 화룡점정
아무렴, 시인의 절창
만해, 님의 침묵에
고찰은 살아 숨쉰다

시인이 머물던 툇마루에
울리는 목탁소리
세인을 향한 무언의 질타
시인의 전언이라

불의에 타협하느냐
살았으나 죽은 자들아
권력 앞에 굴종 말라
서릿발에 겨울이 성큼.

하늘과 바다 사이

최 미 경

하늘이 열리고
바다가 펼쳐져서
창조주의 말씀으로
지음 받은 삼라만상

하늘의 갈매기
바다의 물고기
갯벌의 미생물조차
다스리고 누리게 하시고

각 사람 하나하나
이름을 부르시니
크고도 오묘한 섭리
하늘 아래 가득하네

소나기

최 미 경

하루살이 삶에 지쳐
방심하고 잠든 새
무섭도록 번쩍이며
쿵 쾅 와르르 쏴아…

숲 속의 들고양이들
나뭇가지 위 아기새
늦게까지 울던 매미
어디로 숨었을까

예기치 않은 우레
주룩주룩 밤을 새며
삶의 곡절 구비구비
아침은 오고 있다.

무창포 바닷가에서

- 문학기행

최 미 경

철썩철썩 쉼 없는 파도
석양이 아쉬워 물고기도
연이어 뛰어오르고

노래와 시흥에 젖어
시인들은 한없는 원무
갈매기는 날개 춤추고

바람은 바다 위로
노래를 실어 보내니
시인은 만년 청춘

저녁노을 비낀 바닷가
찬바람이 소슬해도
더운 시심은 백사장을 누비네.

둘도 없는 친구

최 미 경

희소식은 일차로 알리는데
갑작스런 고난은
차마 알리지 못하여
안부 전화도 우물쭈물

알 수 없는 의문에
혼자서 짐작하느라
이리 궁리 저리 궁리
묻지 않고 기다려준 마음

한두 달도 더 넘겨서
망설이다 묻는다며
걱정 끝에 생각했다는
네 댓가지 엉뚱한 상상

절로 터져 나온 헛웃음
50여 년 지기 깊은 배려
한결같은 마음의 택배
이 사랑 빚을 어찌할까나.

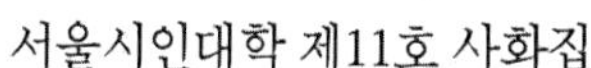

최용덕

아호는 지산(智山)
1944년 서울 출생
2020년 ≪서울시인대학≫ 등단
미국 CTC대학 Computer Science 전공
공무원 퇴직
세계 30여 개국 출장 국제협력업무
(주) 한텍 컨버전스 보안 컴퓨터 시스템 고문
보훈훈장 삼일장 수상

공저
『첫 만남의 기쁨』

내 인생에 즐거웠던 나날들

지산 최용덕

수술이 잘 끝나고 완치된 후
병실 남향 침대에 앉아서
커피 한 잔 마실 때 그 행복감

길고 길었던 겨울이 지나고
아파트 화단에 매화꽃 봉오리가
수줍게 피어날 때 환해지던 마음

육이오 피란 시 무서운 폭탄소리가
천지를 쪼갤 듯 울리다가
부~웅 하고 폭격기가 날아오자
조용해진 그 평화로움과 안도감

아들 낳던 해에 회사에서 승진하고
넝쿨장미 우거지고 감나무가 있는
주택으로 이사 가던 인생 최고의 순간

해외 출장을 갈 때마다
무사한 항공여행을 기도하고
무탈하게 퇴직할 때 감사했던 마음

산다는 것은 닥치는 모든 순간을
지혜롭게 헤치고 건강하게 맡은 미션을
성공적으로 마치는 것

그 찬란했던 무지개들은 사라지고
행운의 파랑새들은 날아간
덧없이 지나간 남가일몽

이제 더 크고 황홀한 행복의 길은
주님 만나러 천국에 가는 것이다.

비행기와 인연

지산 최용덕

육이오 전쟁 때 피난을 가다가
콩밭 고랑에 숨어 있는데
하늘에 온통 비행기들로 가득하여

총소리가 나고 연기를 내뿜고
전투기가 격추되어 떨어지던 광경이
아직도 눈앞에 선하다.

도둑이 못 다니게 따악 딱 소리를 내며
한밤중에 야경꾼이 동네를 순찰하면
안심하고 잠이 소르르 들었듯이

한밤중에 높이 뜬 비행기 소리는
천지가 안전이 지켜진다는 안도감에
잠이 소르르 들게 한다.

여자 어린이들이 고무줄놀이를 하며
"떴다 떴다 비행기 우리 비행기…"하고
노래를 부르면 무슨 심보인지
얼른 고무줄을 칼로 자르고 도망쳤다.

육이오 때 무섭고 또 안도했던
비행기에 대한 동경심이 인연이 되어
공군에 입대 후 수송기 헬리콥터 등의
비행기를 많이 타고 출장을 다녔다.

군에서 제대 후에도 비행기와 인연이 이어져서
전 세계 항공기는 종류대로 모두 타며
국제회의에 공무출장을 다녔다.

어머니와 아내는 늘 걱정이 되어
공항까지 나와 배웅하시며
안전한 여행을 기도해주셔서
한 번의 사고도 없이 무사히 출장을 다녔다.

새끼오리를 애도함

지산 최용덕

한적한 길
어미 오리와 보송보송 새끼 댓 마리
소풍 가는데 인도 턱이 높아 새끼들이
못 올라가서 올려주려 하니

그중 한 마리가 도망가서 먼저 올려주니
인도 가에 있는 철조망으로 들어가
어미 찾느라 꽥꽥거리며 헤매는데

어디선가 못된 까치 두 마리가 날아와서
그만 새끼오리를 잡아먹는다

철조망에 가로막혀서 가지도 못하고
목이 아프도록 소리만 질렀다

어미 오리도 철조망을 부리가 닳도록
쪼아대며 애처롭게 소리를 질러댄다

어미 오리야 미안하다 내 잘못이다
애처로워 발만 동동.

전국 출장

지산 최용덕

"출장을 많이 다니면 피가 끓는 기질이 되어
책상에 가만히 앉아 일하기가 힘이 들어…"

공무원 시절 품질검사를 한다고
경인 지역 업체 검사를 많이 다녀서
다혈질이 되고 출장체질이 되었다

퇴직하면 조용히 살겠지 하였으나
차량으로 전국을 다니며 통신시스템
기술지원을 하는 업체에 취직을 하였다

교회의 기도모임 외국학생들은
차량으로 지방출장 다니는 나를 위해
안전한 여행이 되라고 늘 기도해 준다

퇴직 후 전국 방방곡곡 출장을 다닌 곳이
퇴직 전에 다닌 곳보다 더 많다
내 인생 구비마다 지켜 주신 하나님 감사합니다.

인생 도처의 스승님들

지산 최용덕

굴곡 많은 인생의 구비마다 수많은 스승님이 계셨다
집안 형편이 어려워 대학 진학을 못 하고 방황할 때
군인이 되어 네 꿈을 펼치라 하신 어머님

제대하고 직장을 찾으려 할 때
조건이 좋은 직장보다 먼 미래를 보고
직업을 선택하라던 처녀 적 내 아내

내 영혼이 방황하고 헤매일 때
예수님을 소개하여 안식처를 얻게 하신
미국 선교사님

내 인생을 돌아보면 빈 도화지와 같았으나
스승님들이 한 땀씩 한 획씩 그려주셔서
그림이 완성되고 색채가 입혀졌다

이 크신 은혜를 다 갚을 길 없지만
교회에서 젊은이들을 모아 기도 격려해주며
스승님들의 크신 은혜를 되새겨본다.

지방출장

지산 최용덕

출장지 정문 앞은 푸른 바다
솜뭉치 펴놓은 여름방학 구름
사무실은 에어컨 고장 난 무더위

바다건너 먼 산은 구름을 만들고
바람은 바쁘게 구름을 육지로 나른다
푸른 바다를 달리는 예쁜 배들

지중해 바다에서 헤엄치던 그 해
베이루트 시내는 평화로웠다.
구석구석 구경 못한 게 한이다

저녁 식사 후 모텔에 들어가서
섬진강에 떠있는 배들을 보며
시상을 떠올리려 하면 금방 졸린다

밤이면 다리 위 오색등불이 빛나고
청명한 구름 위 달무리 진 달을 본다.
평생 이 아름다운 밤을 또 볼 수 있을까?
보자!

아버지의 추억

지산 최용덕

첫아들이라고 무척이나 귀여워하시던 아버님
아주 좋은 레이스 모자, 옷으로 치장해주시고
집에 오시면 늘 건강하게 집안일 하셨다

일제강점기시대 철도청에 다니셔서
전국 어디라도 마음대로 다니셨다
금강산 성류굴에서 찍으신 오래된 사진

내가 통학할 때 기차에 가방을 놓고 내렸는데
너희 아버지가 의정부까지 가서 찾아주셨다
두고두고 자랑하는 사촌 형

나에게 바라시던 것은 철도국 직원이었으나
"40대 1"이나 되는 철도 고등학교에 떨어졌다
아버지는 많이 실망하였지만 나에게 내색은 하지 않으셨다

퇴직금으로 몇 번 사업을 실패하셨다
가세가 기울어져 어머니가 집안을 먹여 살리셨으나
의연히 일어나셔서 단독주택 한 채를 지으셨다

아내하고 내가 아버님을 교회로 인도하려 기도를 많이 했으나
몇 년 후 눈 내리는 새해부터 교회에 다니기 시작하셨다
소천 하신 날도 밤새도록 눈이 펑펑 내렸다
평생 사랑한다 좋아한다 말씀 못 드렸던 아버님 “사랑합니다!”

응급조치

지산 최용덕

오늘은 낙조가 쉽니다
응급조치가 필요하신 분은

희뿌연 안개비 사이로 보이는
서쪽하늘을 보고

하루 동안 쌓인 찌꺼기들을
모두 모두 날려 보내세요

피곤하고 지친 마음이
하얀 캔버스로 변화될 것입니다.

마음의 피로가 다 풀린 마음 밭은
진정한 휴식을 즐길 수 있습니다.

내일 낙조가 뜨면
힐링(Healing) 타임을 드릴 것입니다.

코로나

지산 최용덕

힘찬 갈매기들의 날갯짓
황홀한 수평선의 낙조 사라진

회색빛 파도 저편을 바라보고
홀로 읊조리는 고도의 노래

코로나와 싸우려 줄 서 있는
뿌연 섬들 사이로 푸른 하늘

가보자 가보자 어스름 사이
즐겁던 괴롭던 기다리는 시간들

새로운 파도는 새날을 갖고 오고
꽃들이 새로 피면 새들도 오겠지

외로운 섬들아 노래하자 새날을.

새벽 기차

지산 최용덕

새벽안개를 가르고 달리면
잠이 덜 깬 사람들이 타서
이내 잠에 빠진다

전에는 칙칙 폭폭 가쁜 숨을 쉬고 달렸지만
최신의 심장을 장착한 기차는
조용하고 가뿐하게 달린다

새벽 첫차 소리가 나면 할머니는
'목포 가는 첫차가 떠나는 구나'하고
조용히 중얼거리셨다

꽃잎들을 휘날리며 달리는 새벽길은
항상 새롭고 경건하다

할머니가 늘 그리워하시던 종착역에 도착하였다.

이혜준

아호는 화빈(樺玭), 향성

연세대 교육대학원 교육학석사, 교육학 박사(미 Eastern Prime university) honorary doctor, 문학, 심리학 박사(월드비전 대학교 대학원)honorary doctor, 국립) 노스트웨스트 사마르대학교 교육학 교수(학장 예우), 수원문인협회 시낭송 분과 차장, NOBEL TIMES 수석부회장, 문학신문 부회장 · 기자 · 이사, 경기대 · 고려대 · 연세대 미래교육원 · 위스콘신주립대 글로벌 AMP 과정 · 서울시인대학 특임교수 · KSU대학교 지도교수, 대한시문학협회 이사

로마아트 컬렉션 대상(2019. 4.1), 독일문학 영웅상 (2019. 4. 30), 제5회 황금찬 문학상 시조부문 대상, 제1회 윤동주 별 문학상, 제24회 황금펜 문학상 수상, 2021년 비엔날레 문학상 수상, 영미시산책시낭독회 최우수상(수원문협), 대학민국문화예술대상(그린코디네이터,시낭송.문화예술 공헌대상), 영미시산책시낭독회 최우수상(수원문협), 대학민국문화예술대상(그린코디네이터,시낭송.문화예술 공헌대상), 한글세계문화축제, 한글사랑왕 대상(시낭송 낭독 명인)

국회 예술인돕기 한국유명작가 시서화전 초청 작가, 한글세계문화축제, 한글사랑왕 대상(시낭송 낭독 명인) 2018.10. 9, 일본 요코하마 아트 시서화 초청 개인전

저서 : 『웨딩플라워』 이혜준 외 3인, 『성선꽃꽂이』 공저, 『내 마음의 숲』 공저, 『첫 만남의 기쁨』 (서울시인대학) 공저2019년 『문학신문 신춘문예 수상 작품집』 이혜준 외 2인 공저, 가곡 '바라건대 비는' 작사

꽃불 소나타

화빈 이혜준

가을날 지쳐버린 고뇌와 슬픔 밟고
사색하던 은행잎이 흠씬 젖어 빛바랜 길
고독한 숨결의 연주 떠올리며 걷는다.

스산한 소슬바람 연무대*에 불어오고
몇 계절 그리움에 물기 어린 그 목소리
전화기 저 너머에서 향기롭게 들린다.

사위어 엷은 감정 초록의 언덕에서
심장은 달막대며 경이로 가득 차고
아릿한 스카비오사 환희로운 저 꽃불.

* 연무대 : 유네스코 세계문화유산 수원 화성문화제 폐막공연인 무예브랜드 공연 '야조'가 열리는 한 폭의 그림 같은 장소

바라건대 비는

화빈 이혜준

아득히 세찬 빗속 차디찬 인정이여
푸드득 기러기 떼 뜻 없이 오가건만
안개 속 헤매어 도는 세월이여 꿈이여.

비바람 찬 서리에 찢겨진 조국 산천
금강산 수리취와 독도의 해국에도
겨레의 뿌리가 되도록 빛이 되어 피어라.

불러라 달려가라 쏟아지며 흩어져라
팔천팔백만 풀꽃, 풀꽃들 넉넉히 적셔주는
평화의 햇살되어라 하나 되어 빛나라.

한겨레 하나되리

화빈 이혜준

한반도 허리 잘려 불러 봐도 못 오고
백두산 삿갓구름 한라까지 흐르는데
한겨레 절절한 설움 어느 때에 멎을까

녹슬은 추억만이 긴 세월에 지쳐있고
쇠기러기 재두루미 자유로이 임진강가 날아드는데
헤어진 아픈 나날이
안개 속을 헤맨다.

시원히 트인 산하 꿈길처럼 아득해도
팔천팔백만 백의민족 얼싸안고 노래하면
온 누리 평화의 물결 하나 되어 빛나리.

세상은 꽃밭

화빈 이혜준

때를 만나매
오얏꽃 만발하고
세상은 꽃밭.

The world is a flower bed

As you meet the time by chance
plum trees come into flower
the world is a flower bed.

영혼의 무게

화빈 이혜준

지친 여름날
자줏빛으로 영근
영혼의 무게.

The weight of the soul

A summer day worn-out
the weight of the soul
matured in purple.

서비아

아호는 가은(嘉恩)
목사, 시인, 수필가, 아동문학가
ICC대학 문학박사(TH.D)
대신신학대학원대학교 졸업(TH.M)
한국문인협회 및 문학 조성위원
한국아동문학 사무차장 겸 이사
한국아동청소년문학 상임위원
청계문학 자문위원
한국문예학술저작권협회원
쉴만한물가 발행인

수상
세계문학회 시부분 대상
세계나라사랑 한글문학축제 최우수상
대한민국예술명인 문학부분 대상
집신문하본상 등 다수

저서
『시도 사람을 그리워한다』 외 3권

光復

가은 서비아

짓밟힌 무궁화
삼천리 금수강산
검은 우주 나침반
깃발은 흔들리지 않았다

살기 좋았던 터전
하늘도 울었다

꽃이 꽃답게 웃었다
땅도 진동하며 웃었다

초록 잎도 토해 내면서
세계 속에 알리고 찾았다
내 나라를…

태극기 흔들며

가은 서비아

동방 백의에 민족
청정 나라
발자취 천지도
화들짝 환호하며
무궁화 꽃으로 피웠다

내 나라 정신 기틀을 세워
삼천리 반도 금수강산 대륙
희망 찬 종소리가
만방에 울려 퍼지다

은혜의 향유 활활
대한민국 태극기가
세계 속에 휘날린다
타오르는 불꽃으로.

안압지

가은 서비아

새털구름 높이 날며
청수한 역사
영혼의 흔적 꽃피운 숨결

신라의 찬란한
화랑도 정신 흔들며 피웠다

삼국 통일 문무왕 14년
674년도 완성되어
연줄에 둘러싸인 3섬

석초 호안 불교의 심취
별들도 노래하며
달님 목욕하던

번성하던 통일신라
연못 속에 숱한 역사가
반짝 반짝인다.

궁남지

가은 서비아

백제 궁 적막한 옛터
선화공주 서동요
연꽃 향기가 되어
소담스레 너울너울

전설적인 옛이야기
찬란했던 백제의 심장부

오롯이 다복스러운
평화로운 도화선
수양버들 애절한 한 자락

백제궁 절박한 설움지
노스탤지어 맥(脈)
황홀한 연꽃으로 피어올랐네.

가을 햇살

가은 서비아

가을이 노닌다
생명체들이
가을빛 향기에
몸을 섞어 가을 노래를
귀뚜라미가 시를 읊을 때

빛을 따라 숨을 쉬며
영육이 살찌운다
탐스런 보석들 북적이며
해맑게 웃는 코스모스 들국화

여름 내내 비지땀이
주렁주렁 영글어
익어가는 길이었나.

유은희

문학사 학위(국사학과, 국문학과)
2020년 ≪서울시인대학≫ 신인상 등단
단편소설 「교차로」 외 십여 편 집필
김포시 중봉도서관 어린이 독서 토론 진행 및 지도

서평집
『쓸모없이도 충분히 아름답길』 공저 (책늘, 2018년)
『덧없고, 하찮은, 그러나 소중한』 공저 (책늘, 2019년)

혼자 가는 길

유 은 희

하얀 장막 사방에 드리워지고
사위는 인적 없이 고요하다

순백의 장엄한 커튼
어느 하늘에서 시작됐는지

오르고 또 향하면
숨은 턱까지 차오르고

근원 없는 외로움 숙명적 고독
그 위로 떨어지는 눈물을
겨울산은 못 본 체 한다

기다린다는 것

유 은 희

당신이
쉬이 오지 못한다는 걸
알고 있습니다
빨리 오면 좋겠지만
더디 와도 괜찮습니다

영 아니 온다는
말씀만 말아주세요
인내하며 바라보고 노력하면은
반드시 오겠노라고
약속해 주세요.

열두 살 그 시절 환한 웃음으로

유 은 희

밤알 같은 두 이마 들어내고
눈부시도록 환한 웃음으로 사진을 찍고
햇빛 부서져 내리는 날에 둘이서 까르르 웃었지
철부지 열두 살 그 시절에

이제 불혹도 십여 년 지난 나이
카톡방엔 병원 간 이야기 가득하고
내 어미 네 어미 따질 것 없이
깜박깜박 헤매긴 마찬가지

난 삼십도 안 돼 젊은 아비 잃어 안타까워했고
넌 코로나 쓸쓸한 시기 늙은 아비 죽음에 서러워지고
보배로운 어미는 어느 세상에서 헤매는지 받은 사랑 다 잊고
내줄 사랑보다 미움이 앞서 서러운 고통에 가슴 쥐게 하는데

기어코 눈물짓는 너의 모습에 코끝이 찡해지며
나도 모르게 너의 손을 꼭 잡았을 때 전해지는 뭉클함
내가 너를 위로할 수 있다는 소중한 감정
돌아서는 네 뒷모습 바라보며 우리 잘 이겨낼 거야.

점등과 점멸 사이에

유 은 희

어스름이 내려앉으면
밤 사이 무슨 일이 일어날까
차례로 켜지는 가로등

짙을수록 강렬해지는 빛
눈이 오면 눈이 오는대로
비가 오면 비가 오는대로
세계를 증폭시킨다

여인들은 가로등 밑에서
역사를 쓰고
소멸을 기다리지 않고 사라진다

불멸의 역사는 있지 않고
새로이 쓰이는데
이 긴 밤은
왜 이리 오래 지속하는지

하염없는 어둠에 지쳐갈 무렵
가로등은 소임을 다하고 차례로 꺼져간다.

김백곤

월간 ≪국보문학≫ 시부문 신인상
ILO(세계노동기구)지원
(일본 중앙기술 연수센터 수료: 제철공학)
POSCO(포항종합제철) 근무
무역 오퍼상 근무
현) 무역 오퍼상 자영(34년차) : 1987년~2020년 현재
서울시인대학 9기

동인지
『첫 만남의 기쁨』(제1호, 제2호, 제5호, 제6호~9호 참가)

시집 노트 〈비매품〉
『시혼(詩魂)의 날개』 (4권)

골고다 언덕

- 부활절

김 백 곤

“아바 아버지시여,
저들은 자기의 행위를 알지 못하오니
저들을 용서하소서…”

아픔과 같은 상실감으로
후회와 같은 가려움으로
손닿지 않는 등짝 어딘가에

기나긴 시간으로도
참회의 통곡으로도
오히려 가려움만 더해가옵니다

지금도 등 뒤에 와 계시는
사랑의
주 예수 그리스도시여!

기쁨도 슬픔처럼

김 백 곤

잘 다듬어진 푸른 시야의 시발점
탁 트여 하늘 끝닿은 초록의 지평
유난히 파란 하늘 지척에서 보는 듯
눈도 푸르게 그렇게 물들어 가려무나

소용없긴 해도 만지작거리는
부질없이 다가선 노파심일랑
바람 부는 데로 마음 가는 데로
다 잊고 근심 없이 믿고 가는데

해맑은 웃음으로 달려만 오는
선명한 몸짓으로 안겨만 오는
두 팔 벌린 손자들의 환영(幻影)이
빈 아름에, 빈 가슴을 적셔온다.

천마(天麻)

김 백 곤

짙은 아카시아 향기에 눈뜨면, 꽃봉오리 달랑 머리에 이고
잎도 가지도 없는 대공 하나로 발가벗은 채
허겁지겁 청향에 취해 곧추세워 오른다

어느 하늘 어느 별에서 왔기에 천마(天麻)라 했나
눈길 지나치는 사각지대(死角地帶)에서나 우연히
뜻밖에야 만난다는 신(神)이 내린 마지막 선물

두 눈이 휘둥그레 밝아지며 꿈은 아닌지
환희에 숨죽이며 박차고 오르는 박동소리 맞추어
쑥쑥 올랐고 쫑긋쫑긋 따라 오르는 천마들의 행진을,
"세상에 내가 무슨 짓을 했길래 이런 일이…"

온몸 붉게 타오르는 정열의 적경 '붉은 대공'과
순결로 푸르듯 지조도 푸른 청경 '푸른 대공'은
색이 달라 암수인가 똑 닮아 부부일까

서로는 오로지 서로만을 반기고 있는데
나 하필이면
도무지 안쓰럽고 송구스러워
오히려 나를 달래며 한동안 바라만 보고 있었다.

여느 고백

김 백 곤

순수한 민얼굴로는
누가 훔쳐만 봐도
속까지 털렸습니다

나의 거울 속에는
남몰래 키워 온
카멜레온 한 마리

언젠가부터
무늬의 은신술로
순간이동을 해왔습니다

때와 장소에 따라
나의 자화상은
한 마리가 아니올시다.

XYZ 본연과 양심

김 백 곤

인간은 내재된 XYZ 축(軸) 따라
공학적 운명에서 울고 웃는다
1차원의 원점 태아 생명부터
너나없이 연령 선인 수직 Y축
원점에서 커가는 지식 경험은
기회로의 가능 선인 수평 X축

2차원의 선(線) XY 열린 사각은
동시대에 공유된 각축장이며
Z축 360도 자유자재 실행이
3차원 취득 선인 소유 형태다

각자 주어진 XY 조건으로
Z축 취득 행위 행적인 인생은
선하게 악하게 무엇을 얼마나
추구한 결과에의 만족감이다

XYZ 본연*에는 양심이 동행
양심은 4차원인 운명의 원점
어김없는 자업자득 행불행은
양심으로 지켜본 자신의 운명.

* 본연 : 인간이나 사물이 본래 가지고 있는 성질 또는 현상.

편/집/후/기

꿈을 크게 가져야 풍성한 삶을 살아갈 수 있어

불꽃이 타오르는 폭염과 코로나19 전염병으로 세계경제는 몸살을 앓고 있는 속에서도 우리 서울시인대학 문인들은 시를 한 작품 한 작품 써나가며 아름다운 교제를 이루어가고 있습니다. 힘들고 어려운 고난 속에서도 아름답고 날로 성숙해져가는 『첫 만남의 기쁨』 사화집 11호가 몸살을 앓으며 잉태하게 되었습니다. 이토록 성장할 수 있었던 것은 참으로 인자하시고 선비다운 훌륭한 학장님의 지도였다고 생각해봅니다.

독일 역사상 가장 훌륭한 괴테는 문학가이며 또한 철학가이자 과학자이기도 하고, 음악가이기도 했습니다. 그는 작가의 세계 문학은, 인간의 형이상이학적 이상을 구체화했을 뿐만 아니라 국가와 시대적 경계를 넘어서는 것이라고 말하고 있습니다. 문학과 예술은 인종과 언어를 뛰어넘어 세계 공통분모라고 할 수가 있습니다.

사람으로 태어나면 누구나 느낄 수 있는 희로애락이 있습니다. 슬픔과 고통을 당하고 있는 사람들, 또한 행복과 사랑을 나누며 살아가는 사람들 다양한 삶의 이야기들을 모두 함께 공감대를 이루게 할 수 있는 것은 곧 예술과 문학이라고 저는 생각해봅니다.

문학은 작가들의 파노라마와 같은 인생을 수필과 시로 노래와 같이 써나가는 마음의 고향이며 향수라고 생각합니다, 생각과 마음을 글로 써나가며, 또한 그것을 언어로 함께 표현하고 서로 나누며 한 페이지의 인생을 작은 돛단배 위에 남기고 가는 것이라 생각되어집니다. 이것은 사람만이 가지고 살아갈 수 있는 가장 고귀한 하나님의 선물입니다.

서울시인대학 사화집『첫 만남의 기쁨』이 출간되기까지는 마치 양파 껍질을 하나둘 벗겨서 새순이 나올 때까지 퇴고 작업은 많은 고뇌와 아픔이 있었을 것입니다. '나는 이글을 넣고 싶은데' 그러나 과감하게 쳐내버려야 하는 아쉬움이 있었을 것입니다. 하지만 퇴고는 하면 할수록 글은 빛나는 보석이 됩니다. 여러분의 한 작품, 읽어나갈 적마다 모두의 아름답고 주옥같은 시였습니다.

이제 더욱 분발하여 어느 작은 시골마을 글방 서당님같이 인자하시고 넉넉하신 최병준 학장님을 통하여 정말 소박하고 진실된 아름다운 글로 발전되기를 축원합니다. 또한 인생을 노래하는 아름다운 시를 쓰시는 회원님들은 한국을 대표하는 세계 노벨상을 꿈꾸는 훌륭한 작품들을 이루어내 봅시다. 어차피 인생은 미완성이 될망정 꿈은 크게 가져야 풍성한 삶을 살아갈 수가 있는 것입니다.

꿈이 없다면 그것은 죽은 삶인 것과 같습니다. 그동안 작품들을 쓰느라 수고하신 시인대학 모든 회원들님께 감사를 드립니다. 아울러 모든 임원진들과 우리를 지도해주시느라 수고해주신 최병준 학장님께 다시 한 번 진심으로 감사를 드립니다. 앞으로 더욱 우리 시인대학 문인들에게 무궁한 발전을 기원하며 이 모든 영광을 하나님께 올려드립니다.

2021년 가을

- 공동편집위원장 이석자 목사

뜨거운 여름이 지난 후 곡식이 잘 익어가듯

코로나19가 2년째 세계를 강타한 2021년 8월 서울시인대학의 시인들의 소중한 시들이 하나둘 모여 한 편의 멋진 제11호 사화집이 탄생했습니다. 시는 언어를 매개로 만들어진 그림입니다. 중국의 시불이라고 불리는 왕유가 마힐의 시를 감상하면서 시 속에 그림이 있고, 그림 속에 시가 있다고 말한 데서 유래한 '시중유화, 화중유시'가 바로 시의 매력입니다.

시의 또 다른 매력은 중의성이라고도 표현되는 ambiguity입니다. 하나의 시어가 다양한 의미를 가지는 것이 바로 시가 가진 묘미입니다.

서울시인대학에 입학해서 1년 동안 최병준 학장님께 시의 이론에 대해 많은 내용을 배웠습니다. 하이퍼시를 강조하시는 최병준 학장님의 말씀대로 시를 쓰려고 노력하고 있습니다. 조금씩 시의 맛을 알아가는 중입니다. 코로나 시국이라는 힘든 상황에서 제11호 사화집의 발간 과정을 총괄하신 김문성 회장님과 이경희 이사님께 감사드립니다. 공동 편집위원장이신 이석자 목사님 그리고 서울시인대학의 임원들과 여러 시인님들께 진심으로 감사드립니다.

뜨거운 여름이 지난 후 곡식이 잘 익어가듯 서울시인대학의 시들도 생각의 낟알이 달린 황금물결이 되어 알알이 익어가는 것을 느꼈습니다. 편집 과정이 힘든 숙제의 시간이 아닌 즐거운 축제의 시간이었습니다. 다시 한 번 열심히 시에 대해 많은 것을 알려주시고 사화집 11호의 발간에 참여해주신 모든 시인님들께 진심으로 감사드립니다.

2021년 가을

- 공동편집위원장 장웅상

▲ 최종교정 중에. 좌로부터 조영래 기획이사, 임상국 편집위원, 김문성 동문회장, 장웅상 편집위원장, 김순진 문학공원 출판사 대표

서울시인대학 제11호 사화집

첫 만남의 기쁨

초판발행일 2021년 10월 22일

펴낸이 : 이대영
글쓴이 : 최병준 외
추진위원장 : 김문성
추진위원 : 이경희 조영래 임상국
공동편집위원장 : 이석자 장웅상
편집위원 : 김문성 이경희 조영래 임상국
홈페이지 : cafe.daum.net/poet01
이메일 : semi153@hanmail.net

펴낸곳 : 도서출판 문학공원
주 소 : 서울 은평구 통일로 633 녹번오피스텔 501호
전 화 : 02-2234-1666
팩 스 : 02-2236-1666
홈페이지 : www.munhakpark.com
이메일 : 4615562@hanmail.net

※ 책값은 뒤표지에 있습니다.
※ 저자와의 협의에 의해, 인지는 생략합니다.